憲法の中の自治、自治の中の憲法

日本地方自治学会編

敬文堂

〈目次〉

I　私と地方自治

1　私と地方自治（記念講演）

今村都南雄
（中央大学名誉教授）

大学教育の現場を離れて一年と八ヵ月です。助手時代も含めて大学教員生活が合計四八年間に及びましたので、それに終止符を打って、一転して「これからは余生を楽しもう」といくことができればよろしかったのでしょうけれど、残念ながらそのような芸当をすることができませんで、実際には未練がましくも、せめてこれだけは、と考えた、いわば「残務整理」に追われて今日に至っております。

そうした「残務整理」のうちの主たる二つについてごく簡単に申し上げますと、約四〇年前に刊行されたハーバート・カウフマンの名著『レッド・テープ』の翻訳出版、これがひとつ。もうひとつは、約一〇年間継続した共同研究プロジェクトで最後に取り組んだ、大牟田調査にかんする報告原稿の執筆です。どちらも私自身の思い入れがあります。しかし特に後者にかんしては、つい先ごろ、立命館大学の茨木キャンパスで開催された日本政治学会分科会でその一端を報告したばかりであり、まだあまり日が経っておりませんので、どうしてもそれの二番煎じになってしまいます。また前者の翻訳書のほうも、昨年半ば、原著が版元のブルッキングス研究所で、「ブルッキングス・クラシック」の一冊として再刊されたのを機に、昨年暮れ、『官僚はなぜ規制したがるのか—レッド・テープの理由と実態』というタイトルで、勁草書房からどうにか出版にこぎつけることができました。そのようなことから、この場で取り上げることにためらいを覚えざるをえません。

さて、本日の講演テーマは「私と地方自治」になっております。企画委員会の意図にかなった内容になるのかどうか、いささか不安もあります。現実の地方自治の動きやその受けとめ方にもかかわりますが、おおむね私自身の地方自治研究の展開をなぞるようなお話しになることをお断りいたします。資料として、簡単なレジュメもどきが一枚と、各時期に従事した研究会や役職履歴等を付記した「年譜（地方自治関係）」を用意させていただきました。また、予定どおりにいかなくなるのを怖れて、後半の項目に関連するコラム等の短文を、数枚セットにしてホチキス止めしたものがお手元にあるかと思います。説明不足になった場合、それによって少しでも補わせていただこうという魂胆でございます。

一　長引いた「地方自治コンプレックス」

最初は、「地方自治コンプレックス」の克服に悩まされたこと、そこから入らせていただきます。高校二年の夏、長野県飯田市郊外にある飯田高校（旧飯田高松高校）から埼玉県の熊谷高校に転校して、つまりは、飯田での奔放な下宿生活を切り上げざるをえなくなって、秩父市から熊谷に電車通学をするようになりました。ところが、その一年後に体調を崩してしまい、高三の夏休み明けには、東京目黒の総合病院で開腹手術を受ける羽目になり、卒業を機に東京の日野市に転居することになりました。退院後も通院生活が続きましたので、大学進学は第一次安保闘争の翌年となり、そのことが結果的に良かったのか悪かったのか、一年遅れのいわゆる「不本意入学」で入学した中央大学での学部時代は、法学部法律学科の学生として、それこそ古本屋廻りを唯一の趣味にしておりました。

その当時の法律学科にはまだ「地方自治法」の授業もありませんで、学部時代に地方自治について学んだことはありません。それに対して政治学科には、そのものズバリの講義もありましたし、佐藤笁先生や一時期は河中二講先生も兼任講師で来られておりましたので、他学科履修をすればと言われるかもしれませんが、当時の中大法律学科は司法試験受験志願者が非常に多かったこともあり、他学科履修によって政治学科の科目をとるほどの余裕はなかったように思います。私なりに一生懸命だったのは、選択必修だった外国法科目の独法――独立行政法人ではなくドイツ法のこと――と行政法の専門演習でして、独法については後に学長になられた憲法の川添利幸教授担当の三・四年合併授業のクラス、在籍したゼミは同じく学長になられた外間寛教授のゼミです。

学部時代の専攻にそれほど大きい意味があるとは思いませんけれど、三鷹のＩＣＵの行政大学院（国際基督教大学大学院行政学研究科）に行ってからも、地方自治そのものを研究テーマにするようなことはありませんでした。お手元の年譜の最初に記しましたように、私の修士論文のタイトルは「審議会制度の構造と機能―公共政策と行政―」というものです。修論の指導教授はＩＣＵ行政大学院設立に尽力された蠟山政道先生でして、もうご存知ない方もおられましょうが、とにかく偉すぎましたのでこちらが萎縮気味になってしまい、仰ぎ見ていたというところが正直なところです。

当時のＩＣＵ行政大学院は大将格の蠟山先生のほか、中大助手時代に学外指導教授になってくださった辻清明先生、後にＩＣＵ学長をつとめられた渡辺保男先生、今日に至るまでご交誼をいただくことになった佐藤笁先生、長野大学学長をつとめられた井出嘉憲先生といった、錚々たる方々が兼任講師として集まっておられ、また二年次に院生助手になった社会科学研究所には、私が中大に移ってからずっとお世話になった中村陽一先生や著名な都市社会学の先生がおられ、その社研も含めて、何かにつけて非常に大きな刺激を受けることになりました。半年にもならないのに女性からファースト・ネームで名前を呼ばれてビックリ、バレンタインデーにメールボックスにチョコレートが入っていてまたビックリ。そういえば、当時の学長は鵜飼信成先生で、「立法過程論」を教わりました。ひと夏でC・W・ミルズの『パワー・エリート』の翻訳をしたなどという話を聴いて、これもビックリしたものです。NHKの朝の連ドラで流行した表現を借りますと、まさに「ビックリ・ポン」の連続です。

しかし、こと地方自治の諸問題にかんして、佐藤先生の日本の地域開発調査にかんする沢山のエピソードの紹介は例外として、ことさら集中的に諸先生から薫陶を受けたという記憶はありません。これはおそらく私のほうに問題があり、一言でいえば、諸先生に地方自治について話を伺う準備がなかったからだと思います。それに先ほど触れましたように、学部時代に地方自治についての授業科目がなかったこともあって、何を尋ねたらよいのか、それすら分からなかったのだろうと思います。

そんなことから、地方自治の問題にかんして苦手意識を持つようになってしまい、やがて「地方自治コンプレックス」に悩まされるようになりました。中央大学で四年間の助手期間を終えて助教授になり、その翌年、美濃部都政下で東京都本庁舎建設審議会専門員になっています。それからアメリカ留学に出かけるまでの五年半、有楽町にあった都庁舎財務局の一隅に私の机が置かれるような境遇になりましたが、その間ずっと、「自分は肝心なことが分かっていないのではないか」という感覚にたびたび襲われることがありました。

お声をかけてくださったのが西尾勝教授でして、西尾さん以外に専門員の仲間には都市工学の川上秀光教授（東京大学）やアーバンデザインも手がけられた渡辺定夫助教授（同）もおられ、四人の専門員のうち私を除くどなたも、その仕事ぶりがあざやかでしたから、どうしても引け目を感じてしまうことになりがちです。でも、それだけのことでしたら、わざわざ「地方自治コンプレックス」というには及びません。西尾さんが声をかけてくれたのも、よもや私に地方自治の知見を期待してのことであるはずもないからです。とはいえ専門員ですから、それぞれが持ち合わせている専門性を活かしての役割遂行が求められていたはずですが、その当時の私が書いたものといえば、大学紛争のさなかに取り組んだ助手論文（助教授昇格論文）である「管理組織理論の展開―現代組織理論前史―」くらいのものであり、そのタイトルから察しられますように、地方自治の問題とは直接的な関係がありませんので、お手元の年譜にも載せてありません。しかしそれでも、私が都庁舎に通うようになったころに取り組んでいたのは、その副題にある現代組織理論から何を学ぶべきかという課題でしたので、まさしくそうした部面において、どんな貢献ができるか、そのことが私にとって最初の問題であったことに間違いがありません。

　ところが、行政管理や組織についての専門文献をいくら読んだところで、それだけで行政実務上の要請に応えることなど、簡単にできるものでもありません。たとえば二〇年後、三〇年後に必要とされる庁舎面積をはじき出すには、局長級など管理職の人数がどうなるかを予測してみる作業もしてみなければなりません。しかし、二〇～三〇年後の本庁舎の組織規模がどうなるのか、管理職の比率が組織規模の拡大に応じて従前どおりの増大傾向をたどるものかどうなのか、そうしたことを的確に予測することなどできはしません。ためしに過去の趨勢を引き伸ばしてみた試算の結果が新聞記者にすっぱ抜かれてしまい、大変な迷惑を引き起こすという失敗もありました。こうなると、いったい自分の役割は何なのかといった思いにかられ、それこそ複雑な心境に陥ったりすることになります。

私が管理や組織の問題、組織理論に興味を持ったのにはそれなりの理由がありますが、大学院の修士論文で蠟山先生からおだてられたのがひとつのきっかけでした。先生のお宅に招かれて、先生ご自身が行政学の講義で使われていた『行政組織論』（一九三〇年）を頂戴したことがあります。ところが、助手時代の指導教授、辻先生からは、「組織理論というのは、だれもがかかるハシカのようなものだからね」と奇妙な助言をいただきました。そのことは辻先生がお亡くなりになったあとの追想文で書いています。「ハシカの喩えはいったい何だったのか。誰もが一度は関心をもつが、それだけのことだよ、ということなのか。それともハシカも命取りになることがある、ということなのか。」その喩えの真意はついにお聴きすることができなかったのでしたが、いずれにせよ、やめておいたほうが無難だということを婉曲的に言おうとしたのではないのかと、同じことを何度も考えさせられました。追想文のタイトルはそのものずばり、「ついにお聴きすることができなかった喩えの真意」です。

助手時代から助教授時代にかけて、とかく自問自答することが多かったようで、それは私の性分です、と言ってしまえばよいのかもしれませんが、こと地方自治の問題にかんして、はたして肝心なことというのはどんなことだったのかといいますと、その問題の一端は、予定よりも一年遅れて発行となった当学会の年報二四号『「地域主権改革」と地方自治』（二〇一二年）に寄せた拙稿、その第一節「おぞましさを覚えた『地域主権』」で取り上げていますので、そこをご覧いただけると幸いです。地方自治を論ずるときに気易く使われる「住民主権」「市民主権」のとらえ方が一例でして、都庁舎建設問題との関連で申し上げますと、私ども専門員の中で新しい都庁舎を表現するキーワードが「シビックセンター」としての都庁舎であったために——このごろはいろんなシビックセンターがあるようで、現在話題を呼んでいる東京・豊洲地区にも「豊洲シビックセンター」と呼ばれる施設がありますが——、都庁の組織や管理について提言するにしても、少なくともその基本的着想と矛盾しないとらえ方をしなければならないのではないか、そのことに悩まされることになったという次第です。

なお、たったいま申し上げた本学会年報掲載の拙稿をご覧いただくと、この種の厄介な問題の発端が、昨年お亡くなりになった松下圭一先生の著作からの影響によるものであることに気付かれると思います。年譜の最終頁に出ておりますが、昨年の『自治総研』九月号に『松圭さん』の思い出」というコラムを書いていますので、ご関心のある方は「自治総研」のサイトのコラム欄にアクセスしていただければ、と思います。

二　「政府間関係」研究集団の一員になって

三〇代の後半も終わり頃、一九七八年から八〇年にかけて、家族ぐるみで留学することになりました。行き先として、当初は、*Administrative Science Quarterly* を出しているニューヨーク州イサカのコーネル大学を志望しましたが、あいにく受け入れ希望の教授がサバティカルをとっていてすぐには応じられないということで、それならまずはＵＣＬＡで間に合わせようかと、つれあいがＩＣＵで私設秘書をしていたことから存じ上げていた日本政治研究者のハンス・ベアワルド（Hans Bearwald）教授のつてで、Visiting ScholarとしてＵＣＬＡに行きました。はじめから二年間の計画でして、二年目はコーネル大学に移ろうとしたところ、あいにく上の娘がスカーレット・フィーバー（猩紅熱）にやられ、結局そのままロサンゼルスのサンタモニカ寄りで過ごすことになりました。

出発した年四月の教授昇格はすでに決まっていて、したがって必要以上に張り切ることもなく、その点では気楽でした。昇格審査の主対象となったのが、これも西尾さんのご尽力があって、もっと前に出版のはずだった『組織と行政』(東京大学出版会、一九七八年)の本体部分でして、あとがき部分だけが東大出版の女性編集者から、予定どおりにいかなかったという弁明が多すぎるということで書き直しを指示され、その書き直し原稿を彼女に渡したのは、文字どおりの出発間際、当時の羽田空港のロビーでした。帰国したときは成田空港です。

ロサンゼルス生活をスタートしてまだもたもたしていたころだったでしょうか、航空便で送られてきた自分の本を手にしました。その著作には地方自治関係のものは何も入っておりません。したがって年譜にも入っておりません。留学中もプロパティ・タックス減税をめぐる「プロポジション13」の新聞切り抜きに精を出し、日本から来られた佐藤竺先生とロサンゼルスのシティ・ホールを訪ねたことが地方自治関連の実地勉強だったくらいで、二年目の後半に「留学土産」を兼ねて執筆したのも、合衆国の公共政策研究にかんする論文「米国における公共政策研究の位相」でした。これは、行政学の大学院よりも政策研究の大学院のほうが遙かに活気があったからです。そのころになりますと、図書館のコピー機前などでしばしば顔を合わせるポスト・ドクトラルの若手研究者から、何をやっているのかと尋ねられたりしますと、そんな英単語はないと思いますが、「コピオロジー」が私の専門で、「日本のコピオロジストです」などとジョークをたたくほどになっていました。

ところで、帰国して「アッと驚く為五郎」だったのが、日本行政学会事務局が待ちかまえていたことです。助手と助教授のときそれぞれ日本政治学会の事務局を経験していました。それが三度目のときは、加藤一明先生(関西学院大学)が行政学会理事長、中村陽一先生が事務局担当理事を引き受けられて、そのために書類の入った数個の段ボールがそのままの形で私の帰国を待っていてくれたのです。それに加えて翌年五月に大阪中之島公会堂で開かれた行政学会の三〇周年記念学会では、共通論題の「行政学の現状と課題」で報告者の一人に引っ張り出され、事務局として受付業務をやったり、報告を終えて理事会の事務を執ったりと、これには往生しました。

お手元の年譜の最初の頁を見ていただくと、留学に出かけた一九七八年から八二年に飛んでいます。何にも仕事をしなかったわけではありません。たとえば、これも記載がありませんが、帰国後まもなく、フランシス・ロークの翻訳書『官僚制の権力と政策過程』（第二版）に取り組み、行政学会三〇周年記念学会があった年の暮れにそれを出版しています。留学中、ワシントンDCの近くのジョンズ・ホプキンス大学でローク教授と会った際に、サイン入りの官僚制権力にかんするリーディングスとともに、助手時代に翻訳を手がけた著作の第二版を渡されたうえで、初版とはかなり記述が異なっていることを知らされたものですから、帰国してから急ぎ翻訳に取り組んだわけです。

さて、私も「不惑の」四〇代に入って、もはや「地方自治コンプレックス」ということでごまかせない世代になっていました。年譜では、留学から帰国して二年後の一九八二年がひとつの変わり目になっています。そこをご覧いただきますと、その年に都制度調査会の専門委員になっており、『三鷹市議会史』で刷り上がり二〇〇頁近くを書き上げ、さらに西尾さんを代表とする「政府間関係」研究会のスタートとなっています。三鷹市議会史の着手はその二年前、帰国後まもないころですから、その限りで順序が後先になりますが、先に政府間関係論者の一人になったいきさつを取り上げさせていただきます。

「政府間関係」研究会が世間で知られるようになったのは、月刊誌『世界』の一九八三年六月号に「新々中央集権と自治体の選択」と題する「政府間関係」研究集団（代表西尾勝）のアピールが掲載されてからでした。そのアピールの原題は「地方の時代の発展のために―危機にあたって新たな「地方の活力」をもとめる──」というものでして、「土光臨調」の名で知られた第二次臨時行政調査会の最終答申直後（同年四月一日）にグループの六人が緊急アピールを出したのが、『世界』その他で掲載される直接のきっかけです。「政府間関係」研究集団という名称も、その直前に決められたものです。代表は申し上げたとおり西尾さん、事務局長の役目は東大駒場におられた大森彌さん、研究会の実質的仕掛け人は当時中大法学部に所属しておられた加藤芳太郎先生、関西から同志社大学の君村昌さん、一番若手は東京市政調査会から専修大学に移られて数年の新藤宗幸氏、そして私です。

研究会の最初のころはまったくの手弁当でして、私自身は、先ほど触れました「プロポジション13」で州憲法の改正までがおこなわれるということから、あらためてアメリカの連邦制という国のかたちに興味を持ち、ときにはテンプル大学のフェデラリズム研究センターが出している季刊誌である*PUBLIUS*を取り寄せたりして、これはと思われる学者の論考に目を通していたものですから、留学中のそんな経験から、アメリカではこんなことも言われていると、知ったかぶりの発言をしたりしたものでした。

しかし、緊急アピールを取りまとめたころには、実質的に地方自治総合研究所にお世話になるようになり、合宿する際にも、宿（箱根の「去来苑」など）を自治総研で手配していただいて、今日までおつきあいいただいている澤井勝さんや現所長の辻山幸宣さんのお力を借りていました。そしてその後も、欧米の政府間関係にかんする部内資料を自治総研で作っていただいたりしましたが、九〇年代を迎えてまもなく、研究会の発足一〇年を機に一区切りとなりました。

実は、「政府間関係」研究集団のアピールから一年経たずして、お手元の年譜の一九八四年欄にありますとおり、私ははからずも地方自治総合研究所の非常勤研究員になり、研究所の運営にも関与するようになりました。ですから、政府間関係研究プロジェクトについても、もっと役割の自覚を持たなければいけなかったのですが、どうもその自覚が足りなかったようで、今になって悔いているところがあります。非常勤研究員になる話が持ち上がったとき、私は二度目の開腹手術を受けて御茶の水の大学病院に入院中であり、退院後も肝機能不全の状態が続いて、まるまる四年間くらい、アルコールを完全に断たなければならなかったことが響いていたのかもしれません。それはともかく、「政府間関係」研究集団の一員になったこと、そして、はからずも地方自治総合研究所の非常勤研究員になったこと、そのことが私の地方自治研究において決定的な意味を持つようになったということであります。

「政府間関係」研究集団については後で触れる機会がありますので、後者の自治総研とのつきあいについて少し補足しますと、ご覧いただいた一九八四年欄の記載では九四年一二月までとなっていますが、これは自治総研が財団法人になるまでの期間を指しておりまして、続いて一九九四年欄を見ていただきますと、その一番下に財団法人地方自治総合研究所の理事（研究理事）に任じられたことが記載されております。役割は変わりませんが、法人化によって肩書が変わったということです。同様に二〇〇二年欄をご覧いただくと、同年四月から二〇〇六年九月までの四年半ほど、同じく財団法人地方自治総合研究所の所長（兼副理事長）に任じられたことが記載されています。所長の前任者が佐藤竺先生ですから、その違いは歴然としていて、真似をしようにも貫禄が違いますし、ちょうど日本行政学会の理事長を二年、また地方制度調査会の委員を二期つとめていたこともあって、あれやこれやでかなりストレスがたまりました。その後、自治総研は公益法人制度改革に伴い二〇一〇年三月に公益財団法人となり、昨年二月に創設四〇周年記念行事を催して、現在に至っております。

自治総研とは長いつきあいですので、いろんな思い出があります。メンバーになってまもないころ、自治労と共同で自治体職員の意識調査に取り組みました。報告書のタイトルは、一九八七年欄にありますように『多様性の中に統一を求めて―自治体職員意識構造調査報告―』です。東大の田辺国昭さんなどを巻き込んでやった大がかりな調査でしたが、それなどはハードカバーの単行本にしておけばよかったと悔やんでいます。ほかに長い年月を費やすことになったのが、辻山さんとの共編著、一二〇〇頁を超す『逐条研究地方自治法Ⅲ―執行機関〜給与その他の給付』でして、刊行は二〇〇四年一月でした。苦労したといえば、その二年と八ヵ月後になりますか、私の編著になっている『現代日本の地方自治』も思いのほか手間がかかりました。それを取りまとめ、佐藤竺先生に献呈して、私は所長を退くことになった次第です。私がタバコをやめられなかったのは、実は、たったいま申し上げた二冊の本づくりのせいではないかと思っているくらいです。

三　自治体議会史の編纂・執筆とその「飛び火」効果

アメリカ留学に出かける前と帰ってきてからとで、地方自治との関連で大きく変わったことの二つめは、すでに申し上げたとおり、自治体議会史の編纂・執筆に何度かかかわったことでした。市史の分担執筆も一度だけあります。手はじめは河中二講先生をキャップとする三鷹市議会史でして、帰国した一九八〇年の夏、私より五歳ほど若く、元気はつらつだった新藤氏と昼飯時に弁うどんをすすりながら、昼休みもとらず、議事録を懸命にメモしたりコピーをとったりした記憶があります。二年後の夏に出来上がったのが、すでに言及しました同議会史の記述編であり、私の分担は「都市基盤建設の時代」を扱った約二〇〇頁です。

年譜を見ますと、次に刊行されたのはずいぶん飛んで、一九九〇年夏になって『八王子市議会史』の記述編、その一年半後、一九九二年春に『鎌倉議会史』の記述編となっております。しかし、やや大がかりだった八王子市議会史の場合は、地元の中央大学グループが中心となって、日本政治史の金原左門教授にキャップをお願いし、多人数になった編集委員会の立ち上げから刊行まで六年半を費やしたうえ、年表編の作成にもかなりのエネルギーを注がねばならず、しかも、記述編刊行の二年前には鎌倉市議会史の編集委員会が立ち上がっていましたので、当事者からするとほとんど切れ目がないような感じでした。鎌倉の議会史は佐藤竺先生がキャップで、記述編については佐藤先生と私だけの二人体制でした。

議会史への取り組み方としては、八王子と鎌倉とで対照的だったのですが、三鷹の場合と比べますと、双方とも出来上がりの分担頁数が格段と多くなり、それぞれ五七〇〜五九〇頁になっております。中でも鎌倉の議会史は私にとって忘れがたいものになりました。それといいますのも、議会史に限らず、ご一緒させていただいた他の仕事でも、報告書等の取りまとめ段階で佐藤先生はいつも「率先垂範」のスタイルを崩さず、私は常に後塵を拝することになってしまうのですが、鎌倉の議会史だけは結果的にその例外となり、記述編での先生のあとがきによりますと、私のほうが先生よりも四ヵ月早く脱稿したという稀有のケースになったからです。

このあたりで三鷹市議会史から一〇年ですが、その後さらに一〇年ほど、市議会史・市史の編纂・執筆が続きます。『鎌倉議会史』記述編から三年後の一九九五年春には『相模原市議会史』記述編が刊行されています。このときも佐藤先生がキャップであり、私の出来上がりの分担頁数は六四〇頁を少し超えています。分担頁数を申し上げてきましたが、ここまでを合計しますと約二〇〇〇頁に達します。頁数だけでいえば、私の最初の単著『組織と行政』の六冊分ですから、「もういいでしょう」という感じになってまいります。ところがそうはいかないのが現実でして、年譜で刊行時期をたどっていただきますと、二〇〇一年欄に『三鷹市史 通史編』、その二年後の二〇〇三年欄に『三鷹市議会史（昭和五六年～平成一二年）』記述編の刊行が記されています。この三鷹市史と二度目の三鷹市議会史で終わりです。

中央大学を離れることを決意した二〇〇九年の夏に、「自治総研ブックス」の一冊として出版にこぎつけた『わたしの行政学研究』（公人社）という著作があります。そこに収録してありますが、年譜の二〇〇三年欄に出てくる随想「議会史という仕事」で、その時点での私の総括めいた記述をしておりま す。それによりますと、「例年であればホッと一息つくはずの三月中旬、関係している政府の地方制度調査会や都心にある研究所の仕事などに追いまくられながら、議会でお披露目をすませた市議会史の打ち上げ会に馳せ参じることになった。そしてその席上、誘われるままに杯を重ねつつ、なんとなく感慨にふけってしまった」とあります。

それを書いたとき私はすでに還暦を過ぎておりまして、また、それからもう十数年が経って、先月には「後期高齢者」の仲間入りをするまでに至っております。したがって、二度目の三鷹市議会史打ち上げ会で柄にもなく感慨にふけってしまったというのですが、そのときの感慨がいったいどんなものであったのか、「三鷹に始まって三鷹に終わる」巡りあわせ以上のことに及ぶものであったのかどうか。歳を重ねるにしたがい自分にとって不都合なことから忘却の彼方に追いやるという習性にならったのでしょうか、すでに忘れてしまっております。ですが、二〇年余にわたり各市の議会史と格闘したのはまぎれもないことでして、自治体の議会史を手がけたことで多くのことを学んだことも事実でした。行政学専攻の研究者は自治体の行政活動を対象とする場合に、とかく議会のことをらち外において、自治体といえば自治体行政のことと観念しがちです。また選挙に際しても、自治体の首長への関心と比べて議会議員選挙については第二義的になってしまう傾向が非常に強いように見受けられます。三〇代までの私自身もそうでした。しかし、議会史をやってからは、議会あっての「地方政府」なのであり、議会の存在を度外視してしまっては「地方政府」というものについても地方自治についても語りえないのだということを強く意識するようになりました。

また、議会史を手がけたことのいわば「飛び火」効果として、全国町村議会議長会の研究会に継続して参加するようになったことがあります。年譜で確認しますと、第一次地方分権改革がスタートして一年半後、一九九七年四月に同議長会に設置された地方（町村）議会活性化研究会委員になっています。これが、略称「活性化研」の第一次でして、間歇的に第二次、第三次と続きました。第二次は第一次分権改革を主導した地方分権推進委員会からバトンタッチされた地方分権改革推進会議が最終意見を取りまとめた二〇〇四年五月から二〇〇六年四月まで。そして第三次は、あらためて地方分権改革推進のための推進法が施行され、地方分権改革推進委員会が発足した二〇〇七年夏に設置され、義務付け・枠付け見直しにかかる「中間報告」がまとめられた二〇〇九年六月までのほぼ二年間でした。メンバーはその都度入れ替わりましたが、委員長は一貫して佐藤竺先生で、報告書の取りまとめも先生の獅子奮迅のご活躍によるものでした。

二〇〇二年夏に地制調委員になってからというもの、道州制問題を別にしますと、私は自治法九六条二項のカッコ書き——第一次分権改革で自治体の事務になったはずの法定受託事務につき、議会の議決事件から外して平然としていた議会軽視の象徴——にこだわり続けました。その発端も活性化研での議論だったと思います。また、私がわが国の自治体における二元代表制にかんして、その定着を喜んでばかりはいられないことに注意を喚起するようになり、わが国のそれは「首長主義の下での二元代表制」であって、そこに安住してはならないということを強く意識するようになったのも、活性化研に参加したおかげであると言えます。そんな私にとって、首長主義と対峙する「議会主義」の可能性に期待を寄せ、丹念な外国制度研究を踏まえて、「民主的な自治にとっては、公選の首長は必ずしもなくてもよい存在ではないか」と説く佐藤先生の気迫には、しばしばドキリとさせられたものです。

そうこうしているうちに当学会の顧問に推挙され、つまるところ「現役引退の引導」を渡された二〇一〇年の秋、全国町村議会議長会とのおつきあいでは、研究会の取りまとめ役をするお鉢が私のほうに廻ってきまして、「今後の町村議会のあり方と自治制度に関する研究会」（同年九月〜二〇一三年二月）の委員長をつとめることになりました。私以外の顔ぶれは、山梨学院大学で同僚の江藤俊昭さん、彼と二九次地制調と一緒だった山形大学の金子優子さん、明治大学の牛山久仁彦さん、そして現在当学会の事務局長をされている東海大学の岡本三彦さんです。研究会のスタートは民主党が政権をとって一年後のことで、いわゆる「地域主権改革」の動向に振り回されながら、実質的にやったのは、全国の町村議会議員を対象とした意識調査でした。その結果を取りまとめたのが、『町村議会議員の活動実態と意識〜町村議会議員意識調査結果を踏まえて〜』（二〇一三年二月）です。そして、ホッとするまもなく、その年の春からは、全国町村議会議長会に設置された「道州制と町村議会に関する研究会」で、二九次地制調に続いて三〇次地制調委員を務めた江藤さん、現在は神奈川大学に移られた総務省出身の幸田雅治さん、早稲田大学の小原隆治さん、議長会の役員をされている数人の議長さんの協力をいただきながら、道州制をめぐる検討に二年ほど従事することになりました。

早くも残された時間が気になりだしていますので、先を急がせていただきます。

四　「公共サービス提供の制度編制」に着目

さて、アメリカ留学の後、「政府間関係」研究集団の一員になったこと、そして、思いがけなくも地方自治総合研究所の研究員になったこと、このことが私の地方自治研究において決定的な意味を持つようになったということを先ほど申し上げました。「不惑の」四〇代半ばを過ぎ、「天命を知る」はずの五〇歳近くになって以降の自分の地方自治研究をふり返りますと、概括的にいえば、地域社会の公共サービス研究、わけても公共サービス供給の制度編制に着目した諸研究とのドッキングを図ろうとしたところに、私なりのひとつの筋道があったように思います。

中大から山梨学院に移った二〇一〇年の五月、日本行政学会の創立六〇年記念シンポジウムで、他の理事長経験者とともに自分の行政学研究をふり返ったことがあります。その際、「一九九〇年がひとつの画期（区切り）をなしている」としました。年譜の一九九〇年欄の最後を見ていただきますと、そこに中大の社会科学研究所で「政府体系の研究」プロジェクトを起こし、同時に行政管理研究センターの五年プロジェクトである「社会環境の変動とガヴァメンタルシステムの動態的関連に関する調査研究」（略称「GS研」）にも参加したことが記載されております。これが、自分の研究史にかんして、後に触れる「政府間関係論から政府体系論への展開」と称しているものの契機であるわけです。

しかし、それだけでは何のことか分からないでしょう。この「政府間関係論から政府体系論への展開」には、年譜をご覧いただいただけではおそらくお分かりにならないであろう、いくつかのきっかけが伏在しております。きっかけのひとつは私の「ガバナンス概念」への注目と関連があります。私が書いたもののタイトルだけで見ますと、一九九四年欄にある『季刊行政管理研究』の巻頭言「ガバナンスの観念」が最初になりますが、公の場で私がガバナンス概念を使ったのは、それより七年前の一九八七年一一月、横浜国際会議場で開催された「第一〇回地方の時代シンポジウム」のことでした。すなわち、これからはローカル・セルフガバメントとしての自治体の確立にとどまらず、ローカル・セルフガバナンスが新たな課題になってきているのだという文脈において、「公私の境界をまたぎ越えたネットワークの形成」という問題の重要性に注意を促した分科会報告をやったのが最初です。分科会でグループを組んだのは、当時の所属で申し上げると、磯部力東京都立大学教授、岡沢憲芙早稲田大学教授、新藤宗幸立教大学教授、坪井善明北海道教授の四氏でした。お手元の年譜では一九八八年欄に出てくる「世界に通用する地方自治の確立を」と題する報告がその公式記録になりますが、前年開かれたシンポジウムのタイトルは、そこに記されている報告書の表題と少し異なっていて、「地方の時代 いま〜一〇年を振り返り、将来を考える〜」というものでした。

「地方の時代シンポジウム」も一九七八（昭和五三）年から九四（平成六）年まで全部で一七回を数えますので、そのすべてが整っている図書館は多くないのかもしれません。第一〇回シンポジウムの報告書が見当たらない場合には、たいへん厚かましいのですが、私の売れない本『ガバナンスの探求―蠟山政道を読む』（勁草書房、二〇〇九年）をお求めいただいて、最後のほうの『ガバナンスの行政学』の着想」を開いていただくと、そこに第一〇回シンポジウムにおける私の主報告からのやや長い引用文が載っております。それをご覧いただければ幸いです。

その著作とも関連して、年譜の一九九〇年欄には「日本における政府間関係論の形成」と題する論文も載っております。それが、当時の私の研究計画の中では「蠟山政道〈ガバナンスの行政学〉の研究」と名付けていた蠟山行政学研究の最初の公表作品です。蠟山先生の没後一〇年にあたって、遅ればせながら取り組みました。その論文において、戦後、学界への復帰を果たした先生が「二十年来の宿願の一つ」として公刊した『英国地方行政の研究』（一九四九年）を中心とする研究をわが国における政府間関係論のパイオニア・ワークと位置づけたのです。そして、先生が日本行政学会の初代理事長になられる数年前に公益事業学会理事長になっていることに気付き、公共・民間の両部門にまたがるグレーゾーンにかんする調査研究にもあらためて着手することになりました。

一九九〇年開始の二つの研究プロジェクトに取り組んだのは、そうした背景があってのことでした。中央政府と地方政府との政府間関係に、政府公共部門と民間部門のセクター関係を持ち込んだきっかけとして、私自身にとってやはり重要だったのは、中大社会科学研究所で主査として立ち上げた「政府体系の研究」プロジェクトにおいて、研究課題とした「政府体系」をどのようなものとして概念化するかということ、そのことだったのです。その際、他方の行政管理研究センターで開始された略称「GS研」との差別化も意識されていたことも当然で、このあたりのことは、出版社が廃業して今となっては手に入りにくい拙著『行政学の基礎理論』（三嶺書房、一九九七年）の最終章「政府体系研究の意義」で述べております。その一節を読み上げますと、「それは——ということは、中大社研で取り組んだ私どもの「政府体系」の研究は——端的に、現代社会における『公共サービス提供の制度的編制』を包括的にとらえるための暫定的な概念枠組の呼称として提示したものであり、当初から、統治システムにおける政治・行政関係と中央・地方関係にくわえて、公共部門と私的部門、または政府部門と民間部門とのインターフェースの重要性に注意を喚起するものであった」とあります。途中で出てくる「公共サービス提供の制度的編制」（institutional arrangement for public service provision）という表現はイギリスのC・フッドの一九九〇年に公表された論文、“Public Administration: Lost An Empire, Not

Yet Found A Role?" からの借用です。

年譜の一九九〇年欄に出てくる事項の中で、もう一点付け加えたいのが、『90年代地方自治論への視座』というタイトルの、総頁数が五六頁ほどの小ぶりの自治総研ブックレットのことです。それが私の「自治総研セミナー」初登場の記録でして、実際に開催されたのは、前年一九八九年一一月末のことです。サブタイトルは『『日本型福祉社会』へのリストラクチュアリング」です。メインタイトルもサブタイトルも、よくぞたいそうなタイトルをつけたものだと思いますが、その講演で私は最初に、「地方自治のとらえ方」を論じております。「地方自治コンプレックス」を長く引きずっていた私も、そのころになりますと、そのように「地方自治論への視座」を主題とした講演をおこない、いっぱしに「地方自治のとらえ方」を論ずるようになったのですから、これだけをとりましても、自分の研究史における ひとつの変わり目です。

しかし、その「地方自治のとらえ方」にかんする部分で私が取り上げているのは、ご存知の村松岐夫教授による「戦前戦後断絶論」と、国鉄民営化にあたって猛威を振るった「公共選択理論」の流行にからめてのことでして、お気付きの方もいらっしゃるかもしれませんが、それは自治総研セミナーの前年に出版した『行政の理法』(三嶺書房、一九八八年)の冒頭部分と最後の部分でおこなっている「村松批判」のくり返しです。

村松さんのお仕事の中で、「戦前戦後連続論」に対峙させて打ち出された「戦前戦後断絶論」のとらえ方、そして現代政治学叢書(東京大学出版会)の一冊として公刊された『地方自治』(一九八八年)における「地方の政治化」論――中央地方関係についての旧理論「垂直的行政統制モデル」に対峙させて新理論「水平的政治競争モデル」を提示し、後者のモデルが妥当する側面での地方自治体の中央に対する圧力活動の活発化に注目した見方――は、一面では、私どもの政府間関係アプローチと共通するところもあるのですが、他面において、かなり疑問視せざるをえない立論であるように思われました。

簡単に言ってしまいますと、村松さんの言われる旧理論において批判的にとらえられてきた伝統的特質、たとえば地方自治体の中央依存を生みだした「むしりとたかりの構造」が、ご自身の新理論では意識調査による実証的データに基づいて、「政治」の名のもとに肯定的に分析されていることについて、これでいいのだろうか、と反発をしたわけです。あるいはまた、地方自治の問題を地方行政の問題に矮小化する見方は、今日なお牢固として命脈を保っているのですが、戦後のわが国の地方自治は、まさしくそうした見方を否定する「自治」の理念に支えられたひとつの「政治の発見」によってスタートしたはずであって、旧理論にふるい分けられる人びとも、実のところ、そうした「自治的政治」（「自治」としての政治）の実現を拒む戦前からの制度的枠組が温存され、根強く持続していることに注目して、その問題性を明らかにするために、村松さんのいう「垂直的行政統制モデル」を使ってきたのではなかったのか、そのことをどのように考えているのか、といったことを問い直すのが眼目でした。

なお、私のその著作のタイトルに掲げた「理法」は、「法理をひっくり返せば理法になる」に引っかけた表現とも読めるということで、行政法学の先生方、たとえば兼子仁先生などからはしばしば冷やかされたものです。そのほか、拙著『行政の理法』にはなつかしい思い出があり、その初版で例によってとんでもない誤植をいくつかおかしているのですが、面白いことにそれが縁となって、書評で誤植を指摘してくださった沼田良さん（前東洋大学教授）とのおつきあいが始まったりしております。なんでも、「縁は異なもの」のことわざを異性関係以外で使うのは本来誤りだということですけれど、世間での実際に即していえばそんなことはなく、沼田さんとのつきあいを考えますと、「縁は異なもの味なもの」とはよく言ったものだと思います。

五 「政府間関係論から政府体系研究へ」の展開

一九九〇年というよりもその前後が、自分の研究において一つの画期をなしているとしたことのついでに、自治総研ブックレットの『90年代地方自治論への視座』を付け加えさせていただきましたが、今回、このような記念講演の機会を与えていただいことに加えて、実はその前に、行政学会の有力メンバーが着手した「行政学説史の研究」プロジェクトによるヒアリングが八月末にあったものですから、あらためてそのブックレットを引っ張り出し、四半世紀前の自分をふり返ってみる機会がたまたま重なったという次第でして、それを読み直してみますと、「不惑の」四〇代のどん尻に、なんとか自分自身の立ち位置をもう少しはっきりさせたいというあがきがそこに如実に表れているように感じられます。

私なりの「村松批判」も、そのように、なんとか自分自身の立ち位置をもう少しはっきりさせたいというあがきの現れでしたが、実のところ、その矛先は村松さんに向けられていただけではありません。具体的には、「政府間関係」研究集団が数年前におこなった緊急アピールの読み返し作業を通じて、自分たち「政府間関係」研究集団についても、これでいいのだろうか、という問いかけをしていたのです。

どういうことかを説明しますと、「政府間関係」研究集団のアピールでは、臨調行革にうかがわれる地方自治の危機的状況をさして「新々中央集権主義」と名付け、高度成長期における「新中央集権主義」との違いをクローズアップしました。すなわち、地方政治の否認、地方自治の画一化、自治組織権への介入、地方自治体への負担の転嫁といった傾向が顕在化してきたことを「新々中央集権化」としてとらえたわけです。それを数年後、いえ六年半経っていますか、その自治総研セミナーになりますと、一種の「自省的な自己批判」をするようになっているのです。すなわち、そのブックレットになった自治総研セミナーにおいて、「政府間関係」研究集団の緊急アピールそのものを思い返しながら、「今から振り返ると、私は、どうも従来の国―地方関係、あるいは、中央―地方関係の伝統的な問題の立て方にとらわれていたような感じを持っております。その意味では不十分ではなかったかと思っています。一言でいいますと、政治・行政制度の枠を超えた社会・経済の広がりのなかで集権化・集中化の問題をとらえるべきではなかったかということです」としているのです。

しかし、これだけではなんともはっきりしません。政治・行政面での集権―分権の軸に社会・経済面での集中―分散の軸を組み合わせるようなことはそれまでにもやっていたことで、そのセミナー講演を記録したブックレットの中でも、いま紹介した場所より少し前の頁で、「ちょっと余談だが」と断りながら、どなたでしたか、『〈地方の時代〉とかけて』のなぞかけをしているのにならって、「私自身は、『〈地方の時代〉とかけてミノルタのCMと解く』と割り切っていたことがありました」という一節が出てまいります。このテレビCMが記憶に残っておられる方はそんなに多くないでしょうが、そのミノルタカメラのテレビCMというのは、当時、熊本大学の学生だった女優の宮崎美子さんが海辺の木陰でビキニ姿になるコマーシャルのことでして、アメリカから帰ってきたらそのCMが目に飛び込んできた。そして脳裏に焼き付いた、というわけで、そこには、「つまり、熊本大学の宮崎美子さんが一躍有名になったのも、東京の資本のおかげであって、東京発信の電波に乗ったからではないか。「地方の時代」「地方の時代」というけれど」とあります。そういえば当時のミノルタは「東京の資本」ではなくて

「大阪の資本」でしたね。

しかしまさか、アメリカから帰ってきたときと同じく、宮崎美子さんのテレビCMに対するコメントと同じ乗りで、そのときの「自省的な自己批判」をすませることなど、できっこありません。もう少し、その「自省的な自己批判」の中身を確かめたいところですが、なにぶん古い話で、セミナー講演の手元メモも残っておりませんし、今となっては確認することもできませんので、ためしに、それと時期が近接している書き物に当たってみますと、年譜の一九九一年欄にある数少ない掲載事項のひとつに、西尾さんの『行政学の基礎概念』の書評があります。「年報行政研究」に載ったものです。

その書評で「わが国の国産の行政理論」をめざす西尾さんの企図に触れながら、自分もまた、フッドによる「公共サービス提供の制度的編制」への着眼に示唆を得て、「世界に誇ってよいわが国の蠟山行政学の再評価を通じて、いわば『ガバナンスの行政学』とでも称すべき広範な枠組を構想しようとし、そのための概念化を試み始めている」と記しております。ということですと、そのころはどうやら、自分流の「ガバナンスの行政学」構築に向けた概念枠組の構成を考え始めていたことになります。しかもその書評では、その作業を「主として組織理論のタームで記述することが有効ではないかと考えている」と書き込んでおりまして、それらしき試行の企てを、やはり一九九〇年にスタートした社会保障研究所プロジェクトの刊行物、『福祉国家の政府間関係』(東大出版、一九九二年)に収録された「政府間関係の構造と過程」(武智秀之氏との共同執筆)でやっております。

その社会保障研究所のプロジェクトも一例ですが、その前後から、すでに挙げた共同研究とは別に、行政管理研究センターおよび地方自治総合研究所でのいくつもの調査研究プロジェクトに同時並行的に参加しておりまして、それらの成果物である単行本を一九九二年から九七年にかけて、私の編著の形で取りまとめることができました。『リゾート法と地域振興』（ぎょうせい、一九九二年）、『「第三セクター」の研究』（中央法規、一九九三年）、『公共サービスと民間委託』（敬文堂、一九九七年）、『民営化の効果と現実―ＮＴＴとＪＲ―』（中央法規、一九九七年）がそれです。

それらの中で、自治総研セミナーでの「政府間関係」研究集団のアピールに対する「自省的な自己批判」との関係で比較的まとまった言及をおこなっているのは、予定より出版が遅れて、お手元の年譜では一九九七年欄に出てまいります、自治総研の『公共サービスと民間委託』でありまして、その序文、「序　公共サービス研究の課題認識―「官民関係」の問い直しに即して―」において、かつての「政府間関係」研究集団のアピールでは批判的な観点でとらえた「総体としての行政」の概念を、公共サービス研究会になると肯定的な文脈で使うようになった事情が記されております。

概略を申し上げると、第二次臨調基本答申においては、国と地方の関係が「総体としての行政」システムの再設計の問題として提起された。ところが私たちは、それに対して、国の政府と別個に存立する地方政府としての地方自治体の存在を軽視するものではないのかという観点から、批判的な評価をくだしたのでした。そのために、「民間の活力」よりも「地方の活力」を、と訴えることでアピールを結んでいたのでしたが、あらためて考えてみると、現代社会における政府公共部門のあり方をどのように見定めるのか、そのことが問われていた問題状況のなかで、いかに「国から地方へ」の改革課題に重点を置くためとはいえ、ひたすら地方分権の推進を訴えるというのでは不十分ではなかったのか。「総体としての行政」システムの再設計となれば、「国地方関係」のみならず、いわゆる「官民関係」をきちんと視野におさめなければならないはずです。ことに地域社会レベルで公共サービス供給システムのあり方を問い直そうとするときには、国のレベルでの「官民関係」に到底おさまりきれない多彩な公私関係が存在します。要するに、私たちは、ローカル・ガバメントの確立を超えて、今やローカル・ガバナンスの確立を語るべき時代に直面しているのだと、ざっと、こういうことを書かせていただいたのでした。

しかし、「政府体系」の概念化にかんする私自身の作業はいぜんとして遅々として進まず、『公共サービスと民間委託』の一ヵ月前に出版した三冊目の単著『行政学の基礎理論』でも、自分流の「ガバナンスの行政学」の概念枠組を提示するには至りませんでした。二〇世紀末になりますと、「政府間関係」の概念はどうにか市民権を得た感じになりましたが、「政府体系」についてはそうはなりませんでした。社会科学分野の辞典や事典で「政府体系」が項目になった例は、参考資料として用意したA3サイズのコピーの一方にある『福祉社会事典』(弘文堂、一九九九年)以外に、残念ながら見当たらないようです。もう一方の『自治総研』のコラム「政府体系の概念化」(一九九九年一〇月)は、おそらく「それでもなお」という気分で、ほかならぬ自分自身を鼓舞するために書いたと思われる一篇です。

六 「新しい公共」との出会いとそれから

私の公共サービスに対する理論的な関心は『公共サービスと民間委託』の第一章に収録した「公共サービスへの接近」に比較的まとまったかたちで述べられております。またそれは、その小見出し項目を除いて『行政学の基礎理論』にも収録してあります。後者の『行政学の基礎理論』は、すでに触れたような事情で手に入りにくいのですが、それが出版されてまもなく、無謀にも、四〇〇頁を超えるその拙著をテキストとして北海道十勝温泉で強行された三泊四日、七回にわたる集中講義スタイルの合宿研究会(「新世代フォーラム」)の記録をそのまま『わたしの行政学研究』に収録しておりますので、自治総研に設置された公共サービス研究会でどんなことをやったかについては、それをご覧いただければと思います。その研究会の六回目には「公共サービスへの関心」というチャプターが配置されております。

それからまもなく、私は東京・世田谷区の行政改革推進委員会の仕事に着手することになります。年譜の一九九九年欄に記されています。武藤博己さん（法政大学）と工藤裕子さん（当時早稲田大学）とご一緒しました。そこにおいて出会ったのが「新しい公共」の観念でありまして、それについて初めて論じたのが、二〇〇〇年欄にあります『自治総研』掲載の「『新しい公共』と行財政改革―東京・世田谷区の取り組み―」、そして『地方自治職員研修』掲載の「公共サービスと『官民関係』―問われる行政のレーゾン・デートル―」でした。短い後者の作品は、これも『わたしの行政学研究』にも収録してありまして、驚かないでいただきたいのですが、山梨学院大学の学部で担当した「公共サービス論」の講義でも、その雑誌コピーを学生たちに対する配付資料として使っておりました。そこに至る一〇余年、私の頭に進歩がないことの証拠でもあります。

「新しい公共」といいますと、多くの方が、「あの民主党政権で打ち出されたあれのこと」と思われましょうが、私にとってはそうではありません。それよりも一〇年前に、世田谷区の仕事を機に知った「新しい公共」の観念のことなのです。民主党政権の英語版パンフから借用するようになったのは、「新しい公共」の英語表現“New Public Commons”くらいのものです。ご承知のように、橋本内閣で設置された行政改革会議の最終報告（一九九七年一二月）でキーワードとなった「公共性の空間」、そしてほぼ同じころ、東京・世田谷区の保健福祉計画で最初に採用された「新しい公共」、この双方に注目して、私は、九〇年代後半のわが国において、「公共性の問い直し」がおこなわれたことの意義をくり返し強調するようになりました。

参考資料として用意した二枚目のA3サイズのコピーを見ていただきますと、一方には「『新しい公共』をめぐって」と題する『自治総研』の巻頭コラムが、他方には『協治』がつくる『新しい公共』」と題する「山梨日日新聞」のコラムが載っております。前者は二〇〇三年夏のものですが、後者はそれから七年半後の二〇一一年一月末のもので、私が山梨学院大学に行ってから地元紙に掲載されたものです。この二篇を見ていただいただけでも、私の「新しい公共」にかんするこだわりがどんなものであったのか、お分かりいただけるのではないかと思います。

すでにお話ししてきたような「政府体系」の概念化作業でもたついているところへ、国レベルでの「公共性の空間」の再定義、地域社会レベルでの「新しい公共」の提起に見られる公共性の問い直しに直面して、私はあらためて自分自身の行政学研究における視座設定をやり直さなければならないという覚悟を決めるに至りました。先ほどの「新しい公共」にかんするコラムと時期的に前後しますが、それが、私の編著の形をとって二〇〇二年に公刊された『日本の政府体系』（成文堂）の第一章「公共空間の再編」でした。実は、その編著は私の還暦記念として取りまとめられた著作でして、一年遅れでお祝いをされる当の本人が自ら編者になっているという、世間の常識を逸脱した企てとしてのおかしさもあるのですが、私としては、いわば「一世一代の大勝負」に出たつもりだったのでした。巻末には当時学術振興会特別研究員だった嶋田暁文さんの作成にかかる年表「日本の政府体系の変動」（一九八〇～二〇〇一年）が付いていまして、折にふれてそれを眺めながら、自分のもたもたした歩みを重ね合わせて、ため息をついていたものです。

しかしすでに触れましたように、その著作の刊行直後から、幾つかの役割をほぼ並行してこなさなければならない羽目になって、わけても本務校での公共政策大学院設立の渦中に巻き込まれてしまいましたので、「一世一代の大勝負」に向けた私の決意もどこかへ吹き飛んでしまいました。設立に苦労した公共政策大学院（公共政策研究科）もすでに募集停止です。一回きりの人生であるのに思い通りにはいかないものです。本日も思い通りにはいかないことのささやかな一例でございまして、お手元にはなお二つのコラムを載せたコピー資料が一枚残っておりますが、お約束の時間が来てしまいました。

司会者のお許しを得て、せっかくでございますのでA3サイズのコピーの三枚目について、ごくごく簡単な説明をさせていただきます。一方のコラム「共同研究の積み重ね」（二〇一三年二月）は、自治総研の「まちづくり検証研究会」を皮切りとして、中大時代の最後の一年から昨年三月の山梨学院大学退職に至るまで、一期三年の科研費プロジェクトを二期続けることができた、いくつもの自治体の共同調査研究のことです。

本日冒頭で申し上げた「残務整理」のひとつである大牟田調査にかんする報告原稿の執筆は、二期目の科研費「基盤研究（B）」のプロジェクト、「公共サービス供給編制の多様性と自治のダイナミクスに関する調査研究」の一環を成しております。一〇月初めに立命館大学茨木キャンパスで開催された日本政治学会分科会「個別自治体の政治学—事例でも標本でもなく」における私の報告もそれにかんするものでした。学会企画の仕掛け人は共同研究グループの一員である金井利之さん（東京大学）で、学会当日の分科会も彼が司会を担当しました。私の報告のほか、佐藤学さん（沖縄国際大学）が沖縄の名護市政研究の報告を、嶋田暁文さん（九州大学）が隠岐諸島の海士町研究の報告を順次おこないました。討論者である原田晃樹さん（立教大学）も含めて、すべて同じ共同調査グループのメンバーというユニークな企画であり、私にとっていい記念になりました。私自身の大牟田調査については、昨年九月から今年の七月にかけて四回にわたり『自治総研』に分載しておりますのでそれをご覧ください。

なお、コラムの最初に「六人の仲間」と記してありますが、そのうちの一人、元自治総研研究員の光本伸江さんは、二期目の科研費プロジェクトの一年が終わったところで所属大学を退職し、当面育児に専念されることになりましたので、それ以降は、先ほど申し上げた五人の仲間になりました。自治総研叢書の一冊である光本さんの編著『自治の重さ―夕張市政の検証―』のあとがきは、東日本大震災の直後に書かれております。そのあとがきをお読みくだされば、それが私どもの共同研究の具体的な成果物のひとつであることがお分かりになると思います。編者は光本さんおひとりですが、あとがきは金井さんも書かれています。お手元のコピーを用意した理由もそこにありまして、どのような形であろうと、昨今の大学ではそうした地道な共同調査研究に取り組むだけの余裕がなくなってきていること、そのことに私なりに危惧の念を覚えるからです。そのコラムでも記しましたように、大学も共同研究が組めなくなってしまったならおしまいであるというのが私の持論でもあります。

もうひとつのコラム「沖縄辺野古問題と『楕円的構図』による把握」（二〇一六年九月）も、月刊『自治総研』に寄せたものでして、最後の一行に記したとおり、これが私の研究理事としての職務上、『自治総研』に寄せる最後のコラムになるものですから、九月半ばの「辺野古訴訟福岡高裁判決」を直前に控えて、その辺野古問題にからめて、自分の思いの一端を披瀝した次第です。それにしてもあの判決は、予想を越えるとんでもない判決というほかありません。あるいは、「そんなことも予想できなかったのか」と言われるかもしれませんが、本日午後のセッションで取り上げられることになっておりますので、これ以上余計なことは申し上げずに、ここで終わらせていただきます。脱線の多い思い出話におつきあいをいただき、ありがとうございました。

（いまむら　つなお・行政学）

Ⅱ　辺野古新基地建設と地方自治

1　辺野古新基地建設をめぐる法的争訟

徳田博人（琉球大学）

はじめに

国（沖縄防衛局）は、二〇一三年三月二二日、沖縄県名護市の辺野古沿岸域の公有水面約一六〇ヘクタールを埋め立てて、普天間飛行場の代替施設として飛行場及び関連施設（辺野古新基地）を建設することを目的とした埋立承認を沖縄県に出願した。これを仲井眞弘多沖縄県知事（当時）は、同年一二月二七日に五項目からなる留意事項を附して承認した。同知事の埋立承認に対して県民から公約違反であるとか、沖縄県議会では違法であると決議がなされるなどの批判もでて、二〇一四年一一月の知事選挙において辺野古新基地建設に反対する翁長雄志氏が知事選に勝利した。翁長知事（当時）は、二〇一五年一月二六日に、前知事の行った辺野古埋立承認の瑕疵の有無を検証するための委員会を設置し、同委員会は、同年七月一六日に埋立承認の瑕疵の検証結果報告書を翁長知事に提出した。

翁長知事は、これを受けて、二〇一五年一〇月一三日に、前知事の行った辺野古埋立承認について、公有水面埋立法（以下、「公水法」という。）第四条第一項第一号及び第二号の要件を充足しないと判断し、辺野古埋立承認の取消しを行った。その後、国は、沖縄県（翁長知事）を相手に、地方自治法に基づく国の関与や訴訟を提起し、沖縄県もこれに法的に対応した。一連の辺野古裁判（争訟）で、国は、東アジアの脅威を煽り、基地やオスプレイの存在によって、国民の安全が確保できると主張した。

これに対して、沖縄県（翁長知事）は、沖縄の基地の過重負担およびそれに起因する人権や環境の侵害を訴え、加えて、知事の承認取消しに対する国の関与のあり方は、地方自治や分権改革の趣旨に違反し、また、法治主義侵害が問われている、と主張した。すなわち、国の関与は、地方自治（住民自治その他の自治体内の是正制度）が機能せず、自治体自ら違法な措置を是正できない場合に行われることが基本である[1]。沖縄では、辺野古新基地建設に反対する民意が繰り返し明確になり、前知事の埋立承認に対して議会による違法との議決もされ、さらに、県自ら専門家による第三者委員会の検証を経て、埋立承認の瑕疵を認定してきた。つまり、沖縄県においては地方自治や法治主義が十分に機能している中での国の関与であった。

ところで、国は、沖縄防衛局を私人になりすませて、かつ、国土交通大臣に埋立承認の取消しを停止させる裁定的関与を行わせたことに典型的にみられるように、特異な法解釈や法運用を行うことで、辺野古新基地建設を強行に進めていこうとする。その特徴は、公水法の法的仕組みや問題の全体像をみることなく、問題の一部のみを取り出し、その取り出しの際に、二項対立（二分法）を設定し、その境界線を国の都合に合わせて引くことで紛争等の問題解決を図る（分節化による問題解決）ところにある。確かに、法は、適法／違法、当／不当、管轄内／管轄外、など、無数の線を引くことで紛争を解決するものである。当然のことながら、かかる線引きは、恣意的であったり不合理であったりしてはならない。しかし、辺野古新基地建設をめぐる政府による問題解決の線引きの仕方は恣意的であり、その結果、法治主義の例外状態が生じたり、九九年分権改革の趣旨が形骸化されたり、辺野古新基地建設をめぐって法治主義の限界の諸相が集約的に顕出している、[2]という認識に、本稿も立脚するものである。本稿では、辺野古新基地建設問題をめぐって、政府の「二項対立（二分法）をめぐる境界線の線引き」という統治手法に焦点を当てて、若干の論点整理と検討を行うものである。

考察にあたり、さしあたり、時期を二つに分けて、埋立て承認取消（二〇一五年一〇月一三日）から国地方係争処理委員会（以下、「係争委」という）の決定（第一決定、同年一二月二八日）や三つの訴訟が提起され和解（二〇一六年三月四日）に至る時期（第一期）、和解（三月四日）から係争委の決定（第二決定、六月二〇日）を経て、国による違法確認訴訟が提起され（七月二二日）、福岡高裁判決（九月一六日）までの時期（第二期）に分けることにするが、本稿は、第一期の係争委第一決定、第二期の係争委第二決定および福岡高裁判決（民集七〇巻九号二七二七頁）を中心に検討する。

一　沖縄防衛局の法的地位――「私人対固有の資格」の二分法とその境界線

1　経過と検討対象の限定について

翁長知事は、二〇一五年一〇月一三日に、埋立承認を取消した。これに対して沖縄防衛局は、本件承認取消しを取り消す裁決を求める審査請求を行い、同時に、旧行政不服審査法（地方自治法は二五五条の二参照）に基づいて埋立承認取消しの執行停止を申し立てた。国土交通大臣は、同年一〇月二七日付で、沖縄防衛局の申立てを認め、本件承認取消しの効力を停止する決定を下す。さらに、国土交通大臣は、同日付けの閣議了解を受けて、執行停止決定と併行して、地方自治法二四五条の八に基づいて代執行の手続をとることを決め、所定の手続きを経て、同年一一月一七日に、沖縄県知事を被告として福岡高等裁判所那覇支部に代執行訴訟を提起した。これに対して、沖縄県（翁長知事）は、代執行訴訟に応訴することに加えて、一一月二日、係争委に対して、国土交通大臣の執行停止決定を「違法な関与」として審査を申出るが、係争委は、国土交通大臣の公水法の解釈・適用が「一見明白に不合理であるかどうか」の審査にとどまり、本件は、それに当たらないとして内容審査をせず、審査の申出を却下した（二〇一五年一二月二八日付）。沖縄県は、一〇月二七日の国土交通大臣による埋立承認取消しの執行停止に対して、一二月二五日に行政事件訴訟法に基づく取消訴訟を那覇地方裁判所に提起し、また、二〇一六年二月一日に、地方自治法に基づく関与取消訴訟を福岡高等裁判所に提起した。その後、福岡高等裁判所は和解勧告をし、二〇一六年三月四日、国と沖縄県との間で、代執行訴訟および関与取消訴訟について、訴訟を取り下げることなどの内容の和解が成立した。本章では、これらの事実経過の中で、国土交通大臣の執行停止決定に対する係争委の決定（第一決定）を対象にして、沖縄防衛局の法的地位に焦点を当てて検討を行う(3)。

2　問題の所在

行政不服審査法は、国民の権利利益を救済することを目的とする法律である。そのため、国（沖縄防衛局）がした本件埋立申請が「一般私人と同様な立場」で行動しているとはいえない場合」、すなわち、沖縄防衛局が「固有の資格」で埋立申請をなし、「埋立承認」処分の名宛人となる場合は、同法を利用できない（通説、改正前五七条四項、改正後七条二項）。そこで、沖縄防衛局の本件埋立申請が「固有の資格」で申請をされたものか否かが問題となる（論点1）。

また、地方自治法の定める国の関与」から文言上、裁決が除かれていることから、仮に、沖縄防衛局が固有の資格として審査請求・執行停止の申立てをしたにもかかわらず、これを国土交通大臣が受け入れて執行停止等をした場合に、沖縄県にとって当該決定は違法な裁定的関与となるが、これを違法な「国の関与」として係争委に申出ることは適法なのかが問題となる（論点2）。

係争委は、次の理由から本件執行停止決定を審理対象となる国の関与に該当しないとした。「『固有の資格』において処分を受けたと解する余地のある者がした審査請求の場合であっても、当該個別法の規定に照らし『固有の資格』ではないとした審査庁…の判断を国地方係争処理委員会が覆すことは、一般的には予定されていない。ただし、そうした「審査庁の…判断が一見明白に不合理であるかどうかを国地方係争処理委員会が審理することは排除されていない」。「国土交通大臣の…主張は、国が一般私人と同様の立場で処分を受けるものであることについての一応の説明となっているということからすると、国土交通大臣の判断が一見明白に不合理であるというまでいうことはできない」。

3　若干の検討

（一）埋め立て承認の法的性質をめぐる議論と国の見解の変化

国土交通大臣は、沖縄防衛局が一般私人と同様の立場で埋立承認処分を受けるものである旨の主張を展開した。かかる主張につき、埋立承認の法的性質を巡る議論と関連づけて、当該主張の特徴と問題点を明らかにしたい。

公有水面の埋立については、公水法により規制される。公水法は、公有水面を埋立て又は干拓して陸地化し、公有水面の公用を廃止して、土地所有権を原始取得する行為を規制することを目的とする法律である。国以外の者が公有水面を埋め立てるには、都道府県知事の免許を得る必要があり（公水法二条）、国が公有水面を埋め立てるには、都道府県知事の承認を得る必要がある（公水法四二条一項）。

埋立ての免許は、埋め立て事業を行う権能（土地を造成する権利）を付与する行為であって、講学上の特許行為の性質を持ち、同時に、竣功認可を条件として公有水面の公用廃止をするための行為でもあり、[4]埋立免許を受けた者に埋立地の所有権を取得させるための行政処分とされる。

埋め立ての承認は、その法的性質をめぐって埋立権説と非埋立権説の対立があり、埋立権説によれば、埋立承認によって、当該承認の名宛人は、埋立権が付与される。これは、「埋立免許」が、申請者に埋立権を取得させる効果を有することと同じ効果を埋立承認にも認めるものであり、免許と承認とは同じ法的性質である、とする。[5]これに対して、非埋立権説によれば、国が公有水面を直接排他的に支配管理する権能（公所有権）を有しており、埋立承認は、公有水面の埋立について、国の埋立による支障等について国と県において調整をするものに過ぎないし、「埋立免許」と異なり、埋立権を付与するものでもない、ということになる。[6]かかる両説の違いは、埋立申請者の地位と埋立承認権者である都道府県知事の関係を、行政機関と行政機関または行政主体と行政主体の関係とみるのか（非埋立権説）、それとも、私人と行政主体の関係とみるのか（埋立権説）、そのような違いでもある。

埋立承認制度は、埋立免許制度に関わるいくつかの規定を公水法四二条三項で準用していて、そこから、埋立承認制度と埋立免許の同一的側面を読み取ることができる。他方で、「承認」に基づいて国が行う埋立事業について、公水法四二条二項は、埋立免許に関する規定の多くを準用しないで国に対しては規制の排除をしていて、免許制度と異なる国固有の側面を読み取ることができる。

埋立免許と承認の法的性質の違いについて、非埋立権説によれば、埋立申請者（国）は、公有水面について直接排他的に管理する権能を有していることから、「固有の資格」で埋立承認の申請をなしたという結論を導く傾向にあり、埋立権説によれば、埋立申請者は、承認によって埋立権を取得し、その権利の性質が譲渡可能なものであることから、「私人の立場」で申請をしたという結論を導く傾向にある。

実際にも従来、国は、非埋立権説に立脚し、国の法的地位を行政主体としての地位として理解していた。例えば、仲井眞前知事の辺野古埋立承認に対して住民等による取消訴訟が提起されていたが（那覇地方裁判所平成二六年（行ウ）第一号公有水面埋立承認取消請求事件、原告付近住民、被告県）、その中で、国は、県の答弁書の形（注：国から派遣されて県代理人となった訟務検事が原稿を作成して、県の主張の形をとった書面）で国の意見を表明していている。国の意見の骨子は、次のとおりである。

①公有水面は国の直接の公法的支配管理に服しており、埋立については「本来、国の判断に委ねられるべきものである。それゆえ、国が公有水面を埋め立てる場合には、公有水面の管理・支配権を有しない国以外の者がこれを埋め立てる場合と異なり、承認により埋立権の設定を受けることを要しない。」

②公有水面埋立法が知事の承認を要するとした趣旨は、「当該埋立てによって公有水面の管理上何らかの支障を生ずるものであるか否かを、現に公有水面の管理を行っている都道府県知事の判断を尊重し、その承認を経させることとした趣旨と解される。」

③「この都道府県知事の承認は、国による埋立てについての管理上の調整の観点から行われる行政主体間の行為であって、行政機関相互の内部行為であるというべきである。」

④「法四二条一項に基づく承認は、国に『埋立ヲ為ス権利』を付与するものではなく、あくまで国による埋立てについて、都道府県知事との管理上の調整の観点から行われるものにすぎない。」（二〇一五

年四月九日付答弁書、一二、一三頁）

この段階の国の見解は、（ｉ）公有水面に対する国の公法的支配管理（公所有権）、（ii）承認により埋立権が発生しない、（iii）承認は行政主体または行政機関相互の内部行為、といった（ｉ）から（iii）が相互に関連性をもって主張されていて、非埋立権説の論理展開を忠実に表現している。

この相互の関連性が、本件係争委の審理の中で、国の主張が変更することになる。以下、要約する（国地委19号平成28年12月28日　決定通知書・別紙10［国水政第63号平成27年12月18日］より）。

まず、国は、これまでの「行政主体または行政機関の内部行為」という主張と「埋立承認の処分性否定」の主張は、沖縄防衛局が審査請求をする際に障害となることから、その主張の修正を図る。すなわち、「埋立承認」を、行政主体間又は機関相互間の内部行為ではなく、知事が外部の申請者に対してなす外部行為であることを認めた上で、そのことと国が公有水面に対して直接排他的に支配管理する権能（公所有権）を有していることは、論理的関連性を有しないとする。

次に、国は、承認により埋立事業を為うる地位が与えられると述べて、この点では、埋立免許も同様だから、国は固有の資格において承認を受けるわけではないという。ここで注意しなければならないのは、承認により埋立事業を為しうる地位が与えられるのであって、埋立権が付与されるとは主張していない。一見すると、国は、非埋立権説から埋立権説に見解を変更したかのように見えるが、他方で、公有水面に対して直接排他的に支配管理する権能を維持していることや、従来の埋立権説は埋立承認には免許と同様に、「竣功通知という条件付きで所有権を取得させること」を含めていたのであるが、国は、この竣功通知を埋立承認との結びつきから欠落させ、海という自然公物の公用廃止過程から、埋立事業をなし得る地位だけを取り出して、埋立免許との共通性を強調しているのであって、これはこれまで唱えられてきた埋立権説と似て非なるものといえる。

いずれにせよ、繰り返しになるが、①国の従来の見解は、公有水面に対して直接排他的に支配管理する権能から論理的に②埋立承認の法的性格を非埋立権説として説明し、③知事と埋立申請をする行政庁の関係も、行政主体間の、または、行政機関相互の関係と解していた。これが、本件係争委の審査段階では、国の主張は、①国の公有水面に対する直接的排他的支配管理権能（公所有権）という行政固有の機能を主張しながら、②埋立承認の性格論について、埋立事業を為しうる地位という私人と同様の地位を導き出し、③沖縄県との法的関係も、行政主体と私人との関係、という組み換えを行ったのである。これまでは、国は、①から③についてそれぞれに関連性をもって主張を展開してきた。ところが、本件で、国は、この関連性を断ち切り、沖縄防衛局の活動の一局面（埋立て行為をなしうるという事実行為）だけを取り出して、その局面において埋立承認申請者（国の機関）の固有の資格性を否定する論理を作り出したといえよう。

(二)　埋立承認制度における公有水面の公用廃止と固有の資格論

ところで、固有の資格の判断基準につき、広狭ありうるが、(7)事業者である沖縄防衛局は防衛省の一機関であり、キャンプ・シュワブ沿岸の米軍提供水域内で埋立工事を行うには日米合同委員会に提起して合意を得る必要がある。そういうことを「私人」ができるはずがないであろう。

また、公有水面は講学上の公物（自然公物）に該当することから、公物法理論という視点から、公水法の仕組みを整理しなおすことで、埋立承認の法効果を受ける行政庁（本件では沖縄防衛局）の法的地位が固有の資格であることを論証できる。まず、公物である海を埋め立てて土地所有権を発生させる公水法は、埋立免許であれ、埋立て承認であれ、海を埋め立ててもそれだけでは土地所有権は発生せず、さらに免許の場合には知事の竣功認可、承認の場合には沖縄防衛局の竣功通知により、公物の公用廃止行為が行われ、同時に、土地所有権が発生するという法的仕組みを採用している。つまり、埋立免許や埋立承認は、公物廃止行為の要件認定に該当し、公物廃止の効果は、竣功認可や竣功通知により生じるものである。敷衍するならば、埋立免許も、承認も、自然公物の公用廃止行為の要件認定に該当し、竣功認可も竣功通知も、いずれも公用廃止の法効果に該当する。つまり、埋立免許（承認）と竣功認可（通知）の関係は、公物廃止の要件と効果という関係を有しているのである。しかし、埋立免許の場合には、公用廃止行為である竣功認可は、埋立免許を与えた都道府県知事が行うが、埋立承認の場合には、公用廃止行為である竣功通知は承認を行った知事ではなく、沖縄防衛局が行うのである（公水法第四二条第二項参照）。つまり、埋立承認をえる以前に、沖縄防衛局は、公物廃止権限の前提となる公物管理権限を行使しうる地位を得ているのであり、これは公有水面に対する国の公所有権からの帰結といえるのである。従って、沖縄防衛局は、埋立承認を受ける以前に、既に一般私人が立ちえないような立場にあるのであるから、沖縄県の埋立承認取消しに対して行政不服審査法を用いて救済を求めることはできない。

そこで、国（国土交通大臣）は、自然公物である海面の公用廃止（公水法）の仕組みの中から、埋立免許と埋立承認だけを取り出して比較検討し、埋立工事の事実行為をしうるという点で、私人と変わらない、と主張する。この線引きの仕方（分節的思考方法）により沖縄防衛局は、行政不服審査法を用いることを可能としたのであるが、その結果、国土交通大臣による執行停止決定が導かれた法的問題点は何か。結論を言えば、当該国土交通大臣の決定は、執行停止決定という形式を借りた違法な裁定的関与であり、その違法な関与は、自治体の自主性を損なうことに加え、国の関与法定主義に反することを指摘しなければならない。地方自治法は、国が地方公共団体の執行機関の事務処理への国の関与は法律の根拠に基づかなければならないとする関与法定主義を採用している。これは、地方分権改革において、内閣に属する行政権（憲法六五条）と地方公共団体の行政執行権能（憲法九四条）とは別物と観念され、憲法上、関与は法律によって創出されなければならないこととなったからだとされている。(8) 本件において国（沖縄防衛局と国土交通大臣の合同行為）は、沖縄防衛局を私人とする解釈を展開することで、法律の根拠なく、しかも、裁判手続きを経ない関与を可能とする解釈をすることで、関与法定主義を免れるという、ある意味、当該解釈に、法律と同等の力をもたせるということを許しているのである。しかも、当該裁定的関与は、自治体が司法的救済の道を得る法整備が不十分であることを奇貨として、違法状態にもかかわらず自治体が救済を得られない締め出される宙刷りの状態（まさにホモ・サケル、という状態(9)）を意図的につくりだすことを可能とするのである。

二　福岡高等裁判所判決のアプローチと問題点

1　経過と問題の所在

国は、二〇一六年三月四日、福岡高裁裁判長の和解勧告に応じて、辺野古の工事を中止し、審査請求や代執行訴訟を取り下げ、沖縄県知事も関与取消訴訟を取り下げた。国土交通大臣は、三月一六日、和解条項に基づき、本件埋立承認取消処分が違法であるとして、これを取消すように是正の指示を沖縄県知事に対して行った（地方自治法第二四五条の七第一項）。これに対して沖縄県知事は二〇一六年三月二三日、不服があるとして係争委に審査の申出をし、同年六月二一日に係争委決定が出された。

本件係争委において沖縄県は、七〇年以上にわたる米軍基地の過重負担を沖縄は負わされたにもかかわらず、さらに、辺野古に基地機能を強化した新たな基地建設を強行することに対する怒りを自治権侵害と法的に表現・主張した。これに対して、国は、辺野古問題は外交防衛問題であり、従って、国の専権事項であり、沖縄県が法的に関わることはできないと主張する。対立する両者の主張を法的に、どのように解決するのか、そもそも法的解決になじむ問題であるのか。この点が、本件で問われた。

2　係争委第二決定の問題提起

係争委は、次の見解をもって委員会の結論とし、国土交通大臣の是正の指示の「適法・違法」の判断を回避したのである。(10)

①「国と沖縄県の両者は、普天間飛行場の返還が必要であることについては一致しているものの、辺野古沿岸域の埋立てによる代替施設の建設については、その公益適合性に関し大きく立場を異にしている。」「国と地方の双方に関係する施策を巡り、何が公益にかなった施策であるかについて双方の立場が対立するときは、両者が担う公益の最大化を目指して互いに十分協議し調整すべきものである。」

②「国と沖縄県との間で議論を深めるための共通の基盤づくりが不十分な現在の状態の下で、当委員会が、本件是正の指示が地方自治法第二四五条の七第一項の規定に適合するか否かにつき、肯定又は否定のいずれかの判断をしたとしてもそれが国と地方のあるべき関係を両者間に構築することに資するとは考えられない。したがって、当委員会としては、本件是正の指示にまで立ち至った一連の過程は、国と地方のあるべき関係からみて望ましくないものであり、国と沖縄県は、普天間飛行場の返還という共通の目標の実現に向けて真摯に協議し、双方がそれぞれ納得できる結果を導き出す努力をす

ることが、問題の解決に向けての最善の道であるとの見解に到達した。」

本件係争委第二決定で注目される点は、国と沖縄県の対立は、法形式的には、「本件是正の指示が地方自治法第二四五条の七第一項の規定に適合するか否かにつき、肯定又は否定のずれかの判断」で解決することになるが、このような「肯定又は否定」といった二項対立型の解決（狭い理解の司法型の解決）では紛争の実質的解決に至らず、国地方の関係として望ましくなく、「両者が担う公益の最大化を目指し」た協議型紛争解決の方法で案件処理すべきだと述べている点である。[11]

また、国の主張のベースにある「防衛外交問題の国の専権事項論」と沖縄県の主張のベースにある「自治権保障論」の、いずれかを肯定または否定し、そこから始まる議論や、そこから出てくる解決策は、「国と自体体のあるべき関係から望ましくない」とも評価したのである。

ところで、沖縄において、米軍基地に起因する環境権または人格権侵害、子どもや女性の人権侵害、街づくり権の侵害、さらには平和的生存権侵害などが、今なお現実の問題として日常的に起きている。米軍基地を抱える沖縄の各自治体は、基地被害やその予防策への対応を余儀なくされている。当該自治体には、基地渉外（対策）課（職員）を設置し、米軍演習の監視を行ったり、その他の基地被害等への対応をしたりしている。実際に米軍基地から生じる諸問題を、住民に身近な自治体が処理・対応しているのである。

このような現実をみるとき、米軍の基地問題は、仮に、外交や防衛に関わる国の重要な権限事項であるとしても、それは同時に、自治権や人権等の侵害を生じさせ、周辺住民たちが差止請求訴訟を米軍や日本政府を相手に提起したとしても、現在の判例法理からすると、主権（裁判）免責の法理や第三者行為論などを理由に却下され、司法的救済も受けらない（横田基地訴訟上告新判決・最判平成五年二月二五日判時一四五六号五三頁参照）、そういう問題でもある。係争委第二決定は、自治体の自治権を保障した安全保障論を検討することを国に望んだといえる。このような係争委の問題提起に対して、沖縄県はこれを受け入れて国に対して「真摯に協議」することを求めたが、国土交通大臣は同大臣の是正の指示に従わない翁長知事の不作為に対して不作為違法確認訴訟（自治法二五一条の七）を福岡高等裁判所に提起した。

3　福岡高裁判決の若干の検討

（一）係争委第二決定の問題提起に対する裁判所の回答

裁判所は、係争委の問題提起（国と沖縄県の相互の公益が最大になるよう協議による解決）に、どのように答えたのか。この問題について、裁判所は争点八の中で、次のように述べる。

「国地方係争処理委員会は行政内部における地方公共団体のための簡易迅速な救済手続であるにすぎず、…その勧告にも拘束力が認められていないことから、是正の指示の適法性を判断しても、後記のとおり双方共にそれに従う意思がないのであれば、それを判断しても紛争を解決できない」

以上のように述べた上で、裁判所は一九九九年分権改革や二〇一二年の違法確認訴訟制度の導入の経緯から本件のような紛争解決は中立的で公正な審理をすべき責務を負わされる裁判所がその責務を果たすしかないという。裁判所は、これにより係争委の問題提起を回避し、本件是正の指示が地方自治法第二四五条の七第一項の規定に適合するか否かにつき、肯定（国の勝訴）又は否定（国の敗訴）のいずれかを選択する二項対立的紛争解決策へと舵をきる。問題は、裁判所が本件を審理するに際に、いかなる判断枠組み（規範）を設定したのか、あるいは、当該対立の解決基準・判断枠組み（規範）が、地方自治（九九年分権改革の趣旨）や法治主義の観点からみて、どのように評価されるべきなのか、である。本章では、裁判所が設定した判断枠組みとして、①本件訴訟・事案の性格をめぐる形式論と実質（本来）論、および、②埋立ての必要性要件審査における辺野古新基地建設か、普天間の固定なのか、という二者択一論を取り上げる。

（二）本件訴訟・事案をめぐる性質—形式論と実質論の区別

国の関与をめぐって、国と自治体の間に紛争が生じた場合には、係争委であれ、裁判所であれ、まず、①国の関与が自治権の侵害にあたらないか、②国の関与は、地方自治法の定める関与の法原則に違反していないか、③法を適用して紛争を解決することが、国と自治体の「対等・協力」関係を築くことに資するのか、これらの手順を踏まえた上で、次の段階として、④自治体の長（本件では埋立承認の取消し）の判断の適法性や公益適合性を審査することになる。しかし、福岡高裁判決は、「沖縄県が国の埋立権を侵害するような権限行使を行っていないかどうか」を中心的な判断事項とすることで、裁判所の審理の判断枠組みの中心から、自治権保障という観点を排除又は周辺問題としたのである[12]。それを可能にしたのは、本件訴訟の性格につき、「形式と実質」という二分法を持ち出したからである。すなわち、判決は、当該違法確認訴訟の性格につき、〔形式的には〕立法技術上機関訴訟であるが、実質は国が事業者としての立場で取消訴訟を争う訴訟であると性格付け、『被告の取消権行使に要件裁量その他被告の判断の司法への優越を認めるべき根拠はない』とした。その結果、地方自治法で定める国の関与の制限法理を字義通り運用することを避けることを可能としたのである[13]。法律の解釈論を展開するに際して、「形式と実質」という二分法を用いて、ある概念や法制度の性質論を展開する議論を検討するに際して、「ある制度を字義通り運用することを避ける道具として用いられている」場合があり、「形式と実質の解釈論的活用がどのような利益の活用のために用いられているのかについても注意を払わなければならない。」という指摘があるが、(14) 本判決は、まさにそのように場合に該当するであろう。

では、本判決は、国の関与に対する地方自治からの統制を回避するために、どのような利益・価値実現を優先する価値として考え、また、どのような法論理を組み立てたのか。この点につき、「米軍基地提供等の配置場所について承認審査の際に沖縄県に権限があるのか」という問い（争点）の中で、扱われている。

（三）基地提供等の配置場所をめぐる国の専権事項論対知事の審査権論

裁判所は、埋立ての必要性要件審査に関連して「米軍基地提供等の配置場所を辺野古沿岸域とすることについて沖縄県は埋立承認の際に審査する権限があるのか」を争点として設定し、検討を加えている。

国は、この問題は国の専権事項であるとし、これに対して、沖縄県は、県知事の公水法上の権限であるとする。裁判所は、一方で、「知事の審査権は国防・外交に係る事項に及ぶものと解する」としながらも、他方で、軍事基地を自治体（および住民）が迷惑施設と感じることで、「四〇都道府県すべての知事が埋立承認を拒否した場合、国防・外交に本来的権限と責任を負うべき立場にある国の不合理とは言えない判断が覆されてしま」うこと（以下、これを本稿では「ＮＩＭＢＹ論」とする）を理由に、「国の説明する国防・外交上の必要性について、具体的な点において不合理であると認められない限りは、そのような必要性があることを前提として判断すべきである」という、いわば、国の説明を尊重する義務を自治体に課す判断枠組みを設定した（修正版・国の専権事項論）。すなわち、この判決の抜粋部分は、福岡高裁判決が国の主張を検証抜きで認め、法の適用のレベルにおいても、憲法や地方自治法が保障した自治権（法原理）を軽視する解釈論の起点となった箇所でもある。例えば、本件裁判所が沖縄県の証人申請をすべて退け、ほとんど審理を尽くさずに、国側の主張を全面的に認めることができたのも、この判決部分が前提となっているからであろう。また、このような判断枠組みは、国の判断に服従することを強いることにもなりかねないことから、「一九九九年の地方分権改革の趣旨を没却せしめる」という批判を受けることになる[15]。

ところで、憲法における自治体の存在理由は、国民・住民の日常的な権利利益を保障（防御または促進）しつつ、国民・住民の日常的な権利・利益の実現のために、その要求を国に対してもつきつけることで、国の政策転換または内容充実を迫るところにあるのであるから[16]、自治体は、新たな米軍施設建設を求める国の政策により住民の日常的な権利利益が侵害される恐れがある場合には、当該国の政策変更を要求したり、場合によっては、住民の具体的な権利利益を防御するための対抗措置を講じたて国の政策転換を迫ることも憲法上の要請といえる。従って、裁判所の修正版・国の専権事項論は、この憲法上の要請を、迷惑施設論＝ＮＩＭＢＹ論とすり替えることで、国の判断尊重義務を自治体に負わせるものであり、問題と言わざるを得ない。

また、このＮＩＭＢＹ論に依拠した判決の判断基準が説得力を有するのか疑問ではあるが、ひとまず、この点を問題にしないとして、この議論は、四〇都道府県がすべて平等に負担を負う可能性があって、かつ、その負担を打診された場合に、四〇自治体すべてが拒否する可能性があることを問題とし、そこから、結論を導くものである。仮に、国が四〇自治体すべてを打診したところ、埋立承認を了解した一自治体が存在し実際に基地を建設し、あるいは、国が強制的に基地を建設した後に、再度、国は米軍等に米軍基地を提供する必要性が生じた場合に、先に負担した自治体は、再度の基地負担につき、他の三九自治体で負担することを望むことは、地域エゴなのだろうか。ＮＩＭＢＹ論は、少なくとも、基地負担の平等性が確保されていることが前提であろう[17]。とするならば、このＮＩＭＢＹ論を根拠とした米軍への基地提供をめぐる議論（国の専権事項論またはその修正版）でいえば、沖縄は数十年にわたり義務を果たしてきた自治体（全国の米軍施設の七四％を数十年にわたって過重の負担してきた自治体）であるから、辺野古に新基地を建設することは、その論理からして矛盾であろう。

それにも関わらず、国の専権事項論またはその修正版は、本件埋立承認の適法性審査、とりわけ法第四条第一項一号の「埋立ての必要性」の要件審査と連動することで、司法審査の判断枠組みにも影響を与える[18]。具体的に言えば、判決は、修正版・国の専権事項論から、「国の判断は戦後七〇年の経過や現在の世界、地域情勢から合理性があり尊重すべきである」という規範を導き、当該規範を、沖縄防衛局が提出した埋立必要理由書の審査の中で、①普天間飛行場の固定化の回避と同飛行場の危険性除去並びに②在日米軍の抑止力の維持、という概念と連動させながら、埋立承認の適法性審査を行った。つまり、国の専権事項論（裁判所による修正版としての専権事項論）を前提とする安全保障や抑止力といった概念が公水法の承認要件に組み込まれた結果、政府のいう安全保障や抑止力を実現する方向で、司法判断が行われるのである。政府の主張・設定する安全保障や抑止力概念が、結果的に裁判所の法的判断の源泉（一種の法源）つまり、裁判所の判断を拘束する状況が現れているのである[19]。

（四）普天間飛行場の危険除去と辺野古唯一論の前提

辺野古唯一論に至る判決の論理展開は、次のとおりである。判決は、まず、普天間飛行場の返還合意

（一九九六年ＳＡＣＯ合意）は沖縄県内の米軍施設及び区域内に新たにヘリポートを建設することが前提とされており、「普天間飛行場の被害を除去するには本件施設等を建設する以外にはない。言い換えると本件新施設等の建設をやめるには普天間飛行場による被害を継続するしかない。」と述べ、辺野古新基地建設か、普天間の危険除去か、といった二者択一論を設定し、「平成一一年以降、普天間飛行場の代替施設を辺野古沿岸に設置する旨の閣議決定以来、これを前提に検討が進められ、国において、県外移設を表明し検討してみても、…その可能性があるとは考えにくく、本件新施設等が設置されなければ、普天間飛行場が返還されない蓋然性が有意に認められる。そうなると、…予定される普天間飛行場跡地利用による沖縄県全体の振興や多大な経済的効果も得られない」、と論じきる。

次に、普天間飛行場は、政府が「世界一危険な飛行場」と認めるように、著しく危険な飛行場であり、かつ、住民への騒音被害が違法である国に賠償責任があることは、何度となく、米軍や国を相手にした普天間爆音訴訟等において確認されている。構造的爆音被害を除去できない場合、普天間飛行場の即時閉鎖があるべき姿（解決の方向性）である。その上で、移転先を論じるべきである。しかし、判決は、先に述べた二者択一論を設定することで、このような手順を採用しない。

さらに、判決のいう二者択一論は、普天間飛行場の返還合意（一九九六年）と平成一一年の閣議決定を根拠にして組み立てられている。これに対して、沖縄県は、次の思いをもつ。「普天間の原点は戦後、住民が収容所に入れられているときに米軍に強制接取されたこと」、平成一一年の閣議決定を沖縄が受け入れる条件として、「辺野古を候補地とするにあたり、一五年の使用期限を設けることを前提条件」として軍民共用空港とすること、さらに、当時の名護市長は、「知事の条件に加え、基地使用協定の締結」を求めたところ、その条件を盛り込んだ閣議決定が平成一一年になされたが、平成一八年にその閣議決定は沖縄県と十分な協議をしない中で、廃止されたのである。

沖縄は、住民の日常的で具体的な生活の安全を実現する自治体の自治権を保障した安全保障論を、一五年という期限付きで受け入れたのであって、「住民の具体的な生命や安全の保障を実現する自治体の自治権」抜きの安全保障論や専権事項論に同意したわけではない。

判決は、沖縄は沖縄戦の結果、米軍に軍事占領され、事実上の軍事占領が続くことになるが、「日本国との平和条約」第三条で、日本から分離され、日本国が主権を回復したときには「日本国との平和条約」第三条で、日本から分離され、事実上の軍事占領が続くことになるが、それ以降、沖縄の基地は二倍以上に増えたのに対し、本土の基地面積は一七分の一に減ったことを認定しながら、辺野古新基地問題の解決を考える際に遡る時期は一九九六年までであるとした。それを支える論理が辺野古唯一論を導く辺野古新基地建設か、普天間の危険除去か、といった二者択一論の設定であった。つまり、裁判所は、先の二者択一論によって、沖縄の基地の過重負担や普天間基地の歴史を、SACO合意（一九九六年）以前に遡って検討しない論理を組み立てたのである。しかし、このような法的決着の仕方では、実質的な紛争の解決に至らないことは、判決後の沖縄の民意が示すところとなる。

（五）その他の問題点（判決争点七、一七八頁）

判決は、「本件新施設等の建設及びこれに伴って生じる自治権の制限は、日米安全保障条約及び日米地位協定に基づくものであり、憲法四一条に違反するとはいえ」ない、とする。しかし、新基地建設という決定は、国の重要事項であるにもかかわらず、辺野古に新基地を建設する根拠は、国会の決定ではなく、あくまでも閣議決定でしかない。沖縄県は、これは憲法四一条に反すると主張したのである。[20]これに対して、判決は「本件新施設等の建設及びこれに伴って生じる自治権の制限は、日米安全保障条約及び日米地位協定に基づくもの」、したがって憲法四一条等に反しない、としたのである。しかし、日米安全保障条約および日米地位協定に基づく米軍の権利は、あくまでも国際法上の使用権であって、安保条約・地位協定だけをもって、自治体の自治権や市民の権利を制限する法的根拠にはならない[21]。したがって、判決は、条約の国内法の効力や憲法四一条（法治主義）についての従来の憲法理解を大きく逸脱するものといえる。

おわりに

本稿では、辺野古埋立承認の取消しを巡る法的争訟につき、係争委第一決定及び同第二決定、並びに福岡高等裁判所判決（二〇一六年九月一六日判決）を素材にして、若干の論点整理と検討をした。十分な検討がなされたわけではないが、さしあたり次のことが確認されよう。

まず、辺野古新基地問題をめぐる政府や裁判所などの法解釈や法運用の特徴は、直面する問題について二項対立（二分法）を設定し、その二項対立の境界線を国の都合に合わせて引くことで紛争等の問題解決を図る（分節化による問題解決）ところにある。

次に、国は埋立承認をめぐる法律関係を、これまで、行政主体間または行政機関間の法関係と理解していた。しかし、これを行政不服審査法に基づく国土交通大臣の執行停止決定を適法とするために、埋立承認の法的性質を、自然公物の公用廃止過程の中から埋立工事の局面だけを取り出して、埋立免許と埋立承認の同質性を論じることで、沖縄防衛局を私人と再構成し、その結果、沖縄県と沖縄防衛局の関係を、行政主体と私人の関係に転換することを可能とした。固有の資格と私人との恣意的線引きは、裁定的関与を、法律の根拠なく行うことを可能とする統治手法であり、地方自治法の関与法定主義を侵害するものである。

さらに、係争委第二決定は、是正の指示が適法なのか、違法なのか、二項対立的解決策では、国と地方のあるべき関係に至らないとした。これに対して、福岡高裁判決は、国の専権事項論対沖縄県の法令上の権限という二項対立を設定し、「国の判断が『不合理とまではいえない』場合」には国の判断に自治体は従うべきだという境界線・基準を引いた。この境界線は、安全保障や抑止力という概念との連動によって、結果的に、国の専権事項論と同じような結論を導くことになり、少なくとも、政治司法との批判があるように、裁判所が行政に対する民主的統制の制度として機能しない実態が明らかとなってきた。

以上の点から、辺野古新基地建設をめぐって、法治主義の原則や地方自治の保障から乖離した解釈論や法運用がまかり通り、法治主義や司法が機能しない例外状態が常態化されており、これは日本国憲法の危機ともいえる。このような状況を、いかに克服し、民主的方向にもっていくのかが、今後の課題である(22)。

【追記1】

沖縄県は、福岡高等裁判所判決を受けて上告したところ、最高裁判所は、高裁判決の問題点を見直すことなく、憲法で定められた自治権の侵害（憲法四一条や憲法九二条違反）については判断を回避し、公水法や地方自治法の解釈については、基本的に、高裁判決の論理を踏襲し、沖縄県の訴えを全面的に否定して訴えを棄却した（二〇一六年一二月二〇日）。これを受けて、翁長知事は、二〇一六年一二月二六日に埋立て承認取消しの取消しをした。政府は、翌日から辺野古埋立工事を再開したが、これに対して沖縄県は、二〇一三年一二月二七日の埋立承認の際に附した留意事項第一項（「工事の実施計画につき、事前に沖縄県と協議を行うこと」）に反するとして、工事の中止を求める行政指導を行った。

辺野古の埋立ては、区域①、②、③の三つの区域に分けて、その順番で埋立工事を行う計画ではあるが、護岸工事をはじめとする埋立て工事は、これら仕切られた区域全ての安全性が確認された後に（安全性の確認の方法として実施設計の審査があり、その審査をパスした後に）、区域ごとの埋立工事に着手することとなる。なぜならば、仮に、仕切られた区域のうち、後日、一つの区域でも埋立に適さない地盤であることが判明した場合には、当該埋立ての目的（飛行場としての利用など）を実現するための広さの埋立地を提供することができないからである。それにもかかわらず、沖縄防衛局は、これまでの行政実務の解釈・法運用を変更し、安全性が確認されている区域と、今後の調査がなおも必要である区域（安全が確認されていない区域）を線引きして、埋立て区域全体の安全性を確認することなく、埋立て工事を強行し続けている。沖縄県は、これに対して繰り返し工事の中止を行政指導し、かつ、埋立区域③の軟弱地盤の存在が明らかになったことなどから、埋立承認の撤回に至る。埋立承認の撤回をめぐっても、本稿で検討した政府の統治手法、すなわち、問題の全体像（全体の区域の実施設計の安全性）をみることなく（区域③の問題点を覆い隠すかのように）、国の都合の良い「全体と部分」といった二分法を設定し、限られた局面（部分区域の埋立工事）の中で、さしあたり問題解決を図ろうとする。これにより既成事実が積み上げられて、辺野古埋立を見直す選択肢が消えることになる。


【追記2】

国土交通大臣は、沖縄県の埋立承認撤回処分（二〇一八年八月三一日）につき沖縄防衛局がした審査請求及び執行停止検定の申立てに対して同処分の効力の停止を決定した（同年一〇月三〇日）。これに対して、沖縄県知事は、係争委にその是正を求める審査の申出をしたところ、同委員会は、沖縄防衛局の固有の資格を否定（私人と同様の立場であると）して沖縄県の申出を却下した（二〇一九年二月一九日）。同委員会は、埋立免許（承認）とその後の竣功認可・通知は別のものとして、自然公物の公用廃止過程（その全体構造）から免許・承認（一部）だけを取り出すことで（全体と部分という二分法の設定で）、免許と承認の共通性（埋立権限）を認定し、沖縄防衛局の固有の資格性を否定した。その結果、国の違法ともいえる裁定的関与を認めることになり、当該係争委決定は、地方自治や法治主義を形骸化する統治手法に与したものといえよう。

注

（1）飯島淳子「国家関与法制における裁判原理〜日仏比較の観点から〜」地方自治七五七号（二〇一〇年一二月号）二頁〔一二頁、一四頁参照〕。

（2）白藤博行「法治主義の限界の諸相」岡田正則他編『現代行政法講座Ⅰ　現代行政法の基礎理論』（日本評論社、二〇一六年）一頁〔三頁参照〕。白藤教授の指摘する「法治主義の限界の集約的顕出」につき、筆者は、ジョルジョ・アガンベン氏の例外状態の常態化と同様の問題群と理解している。なお、例外状態及びその常態化につき、ジョルイジョ・アガンベン〔訳・村上忠男＝中村勝己〕『例外状態』（未来社、二〇〇七年）八頁、一〇頁、一八〇頁―一八二頁〔上村訳者解説〕、杉田敦『境界線の政治学』（岩波書店、二〇〇五年）一七五頁―一七六頁、佐藤嘉幸「立憲デモクラシーの危機と例外状態――デリダ、アガンベン、ベンヤミン、シュミットと「亡霊の回帰」」思想一〇八八号（二〇一四年一二月号）八八頁以下、特に、九八頁、一〇一頁、など参照。

（3）本章は、拙稿「『固有の資格』と不服申立て」紙野健二＝本多滝夫編『辺野古訴訟と法治主義』（日本評論社、二〇一六年）四五頁以下に、若干の加筆・修正をした。係争委第一決定に対する批判として、人見剛「国の機関が行った審査請求に係る大臣の執行停止決定の「関与」該当性」第六一巻七号（二〇一六年）一二一頁、武田真一郎「辺野古新基地建設と国地方係争処理委員会の役割」紙野健二＝本多滝夫編『辺野古訴訟と法治主義』（日本評論社、二〇一六年）一一九頁以下、白藤博行「辺野古埋立承認取消処分に関する国・自治体間争訟の論点」自由と正義第六七巻第四号（二〇一六年）八〇頁以下、人見剛「辺野古争訟の経緯と諸判決に関する一考察［最高裁平成二八・一二・二〇判決］」Lawandpractice 一一号（二〇一七年）一四頁以下参照。

（4）山口眞弘・住田正二『公有水面埋立法』（日本港湾協会、一九五四年）三〇頁―三一頁参照。

（5）埋立権説を採用する者として、本田博利「公有水面埋立法における国の原状回復義務の有無について（意見書）」（愛媛法学会第四〇巻一・二号合併号、二〇一四年）一一三頁以下、山口眞弘・住田正二・前掲書三二九頁。

（6）非埋立権説は、行政実務上の見解でもあり、また、これを採用する者として、三善政二『公有水面埋立法（問題点の考え方）』（日本港湾協会、一九七〇年）二九一頁参照。

（7）角松生史「角松生史「法的紛争解決手続の交錯と限界――辺野古埋立承認取消処分をめぐる国・自治体間争訟」法時第八九巻第六号（二〇一七年）五九頁―六一頁参照。

（8）小早川光郎「地方分権改革――行政法的考察」公法六二号（二〇〇〇年）一六六頁参照。また、本多滝夫「行政法と地方自治法の交錯：第二次辺野古訴訟・上告審判決の批判的検討」龍谷法学第五〇巻第四号二九七頁参照。

（9）ジョルイジョ・アガンベン〔訳・高桑和巳〕『ホモ・サケル　主権権力と剝き出しの生』（以文社、二〇〇三年）四四頁―四五頁、一四八頁―一五七頁参照。

（10）係争委第二決定の意義について、人見剛「大臣の是正指示の適法性を国地方係争処理委員会が判断しないとした事例：辺野古公有水面埋立承認取消処分事件［国地方係争処理委員会平成二八・六・二〇決定］」法セミ

第六一巻第一一号（二〇一六年）一二五頁、人見・前掲・注（3）二四頁以下、白藤・前掲・注（2）二二頁以下参照。

（11）角松教授による次の指摘は、本稿執筆にあたり有益な示唆を与えてくれた。「委員会の判断は、法的判断の対象として切り取られた特定の一局面（本件承認取消）への限定からあえて離れ、一連の紛争の過程の中に再度位置付けて評価しようと試みた点、その上で当事者間の協議にボールを投げ返すことを志向した点で、極めて興味深いものがある。」「法的紛争解決機関の本来の任務から逸脱する部分があったとしても、紛争の一局面の処理だけではなくその全体像を踏まえた上での協議による解決を呼びかけた国地方係争処理委員会の対応の意義について改めて省みることも、決して無意味でないのではなかろうか。」角松・前掲注（7）六四頁、六七頁参照。

（12）岡田正則「裁判所による法治主義・地方自治の破壊――辺野古訴訟高裁判決の問題点と上告審の課題」法時第八八巻第一二号（二〇一六年）一〇九頁参照。

（13）岡田・前掲注（12）一〇九頁、大田直史・新・判例解説Ｗａｔｃｈ20号七三頁〔七五頁―七六頁参照〕

（14）塩野宏「形式的概念と実質的概念」法学教室五一号（一九八四年）七二頁〔七五頁参照〕。

（15）前田定孝「判例研究地方自治法に基づく不作為の違法確認訴訟・福岡高裁那覇支部判決二〇一六年九月一六日（辺野古訴訟事件）」三重大学法経論叢第三四巻第二号（二〇一七年）四七頁〔六七頁参照〕

（16）室井力「国の法令基準と自治体基準」同『現代行政法の展開』（有斐閣、一九七八年）一四七頁参照。

（17）杉田敦「沖縄基地問題の政治学」都市問題一〇七巻二号（二〇一六年）四頁以下参照。

（18）この点に関連して、岡田正則「辺野古訴訟で問われる日本の法治主義と地方自治：高裁判決をどう是正するか」世界八八八号（二〇一六年）四〇頁―四七頁〔四三頁参照〕。

（19）ジョルイジョ・アガンベン・前掲（注8）二三四頁―二三五頁。また、アガンベンは、国家が緊急事態を煽り、国家の安全性を強調し続けると、国の安全保障上の判断に司法は追随せざるをえないこと及びその危険性を指摘する。ジョルジョ・アガンベン（西谷修訳）「法治国家から安全国家へ」世界八七九号（二〇一六年）二〇二頁参照。

(20) 沖縄県の主張は、木村理論を念頭においたものと思われる。木村草太「辺野古から問う正義」現代思想四四巻二号（二〇一六年）一三頁以下、同『憲法という希望』（講談社、二〇一六年）八二頁以下および一二六頁以下、同「辺野古基地建設問題と法律事項・地方特別法住民投票――米軍基地という公共空間を憲法九二条・九五条から考える」法ゼミ第六一巻第五号（二〇一六年）六七頁―六九頁参照。

(21) 田山光輝『米軍基地と市民法』（一粒社、一九八三年）一〇頁参照。

(22) 白藤・前掲注（2）二九頁―三〇頁参照。

（とくだ　ひろと・行政法）

2　沖縄をめぐる政治

佐藤　学
（沖縄国際大学）

はじめに

本稿は、日本地方自治学会二〇一六年度研究会の【共通論題Ⅰ】「辺野古新基地建設と地方自治」においで、筆者が報告した内容を主とする。諸般の事情により、本報告の執筆は、二〇一九年三月であり、二〇一六年一一月の報告を、二年以上経ってそのまま掲載するのは、扱う状況がこの間に大きく変化したため、不適切であると考える。よって、年報委員会の許しを頂き、二〇一六年研究大会以後の経緯を補論として加えさせて頂く。年報本来の目的である研究大会の記録と、今年刊行されることからの内容の陳腐性の回避のため、異例な形での原稿となることを御容赦頂きたい。

一　米国海兵隊辺野古「新基地」建設問題の概要

1　二〇一六年研究会共通論題においては、米海兵隊の役割、在沖海兵隊の現状と再編成、MV―二二オスプレイ輸送機の実際の機能、日米の安全保障上の役割分担等についての報告をした。「沖縄をめぐる政治」との主題の下で、この内容を報告したのは、安保政策が、寄って立つべき事実がほとんど知られないままに議論され、虚偽の主張が広がった状況があったためであり、それは、二〇一九年三月の時点でも変わりはない。沖縄をめぐる政治状況、沖縄の政治状況は、激変している一方、根本である安保政策の事実は、未だに広く知られていない。よって、ここに記述することに一定の意味があると考える。

（二）辺野古は「新基地」なのか

米海兵隊のために、沖縄県名護市辺野古に建設されつつある航空基地は、「新」基地なのか、既存の海兵隊普天間航空基地の「代替」施設であるから、「新」基地ではないのか。この点すら、日本社会において合意がない。普天間航空基地の代替施設として、県内に滑走路を建設することは、一九九六年のSACO（沖縄に関する特別行動委員会）最終報告で決められた。その限りにおいて、「普天間代替施設」として計画が始まったことは事実である。しかし、辺野古の米海兵隊キャンプ・シュワブ施設の沖合二キロを埋め立てて「軍民共用空港」を建設する、所謂SACO案による航空基地計画は、二〇〇五年に、これを推進していた当時の稲嶺惠一・沖縄県知事の頭越しに破棄され、段階的に現行案に帰結した。沖合の埋立てを破棄、第一段階は、辺野古崎のキャンプ・シュワブ陸上に海兵隊滑走路一本を建設する「I字案」、次に辺野古崎が面する大浦湾に港湾施設を造る「L字案」、そして、離着陸で滑走路を代えることで、陸上への騒音被害を軽減させることを名目として、二本目の滑走路を建設する、現行の「V字案」へと変容した。現行案を日米政府が合意したのは、二〇〇六年である。しかし、これは、米軍が一九六〇年代に作っていたが、財政危機により断念した新基地計画を復活させたのが実態であるとの推測は、当時の設計図面が発掘されており、滑走路の方位が同一である等の条件から、蓋然性が高い。

港湾施設の岸壁長は、海兵隊を派遣する時に、必ず必要となる強襲揚陸艦を接岸できる長さを持ち、普天間にはない港湾施設と、加えて普天間にはない弾薬装填施設も造られる。明らかにこれは、普天間航空施設の代替施設ではなく、「新」基地である。しかし、「新基地」用語を頑なに拒否する辺野古建設に批判的な全国紙もあり、沖縄県の公式な認識は、県民投票条例に見られるように、「辺野古米軍基地」である。

（二）「原点」は、何なのか

辺野古問題で、日本政府は近年「辺野古移設の原点は、普天間の危険性除去である」と繰り返し主張している。沖縄県が二〇一九年二月に実施した「辺野古米軍基地建設のための埋立ての賛否を問う県民投票」を巡る議論の中で、辺野古推進側や、県民投票反対側の主張の主なものは、「原点である普天間の危険性除去が疎かになっている」であった。

海兵隊普天間航空基地が返還対象となったのは、米政府がその危険性を認めたためではない。一九九五年の米兵による少女暴行事件が、沖縄県民の怒りに火を点け、宮古・石垣を含めて一〇万人が参加した県民大会が開催され、そこに、沖縄県経営者協会会長であった、後の知事・稲嶺恵一も壇上に立つという、保守までも含めた反米軍基地気運が盛り上がったことが、直接の「原点」である。冷戦が終結したものの、北朝鮮の核兵器開発が明るみに出て、アジアの安全保障環境が動く中、米軍の戦略にとり必要不可欠な、極東最大の嘉手納空軍基地の運用が、反米軍基地県民世論の前に不可能になりかねないという切実な危機感が、軍事的必要性が低い海兵隊普天間航空基地の返還に応じて世論の鎮静化を狙う状況があった。SACO最終報告書の冒頭に「両国政府は、沖縄県民の負担を軽減し、それにより日米同盟関係を強化するために、SACOのプロセスに着手した。」と明記されているように、原点は、沖縄の負担軽減である。

一方、SACO最終報告書の中に、「海上施設の建設を追求し、普天間飛行場のヘリコプター運用機能の殆どを吸収する。この施設の長さは約一五〇〇メートルとし、計器飛行への対応能力を備えた滑走路（長さ約一三〇〇メートル）、航空機の運用のための直接支援、並びに司令部、整備、後方支援、厚生機能及び基地業務支援等の間接支援基盤を含む普天間飛行場における飛行活動の大半を支援するものとする。海上施設は、ヘリコプターに係る部隊・装備等の駐留を支援するよう設計され、短距離で離発着できる航空機の運用をも支援する能力を有する。」という条件が書き込まれ、これが今日の辺野古新基地の根拠となっている。そもそも、普天間代替施設は、「三つの具体的代替案、すなわち①ヘリポートの嘉手納飛行場への集約、②キャンプ・シュワブにおけるヘリポートの建設、並びに③海上施設の開発及び建設について検討するよう求めた。」とあるように、空軍嘉手納基地への統合が代替策の筆頭として挙げられていた。これが頓挫したのは、沖縄側の、嘉手納基地周辺の負担増大に反対する声も理由であったが、実際は、空軍が海兵隊との共用を拒否したためである。SACO案の軍民共用海上基地に決定されたのは、表向きは、海上基地による騒音軽減が理由とされたが、実のところ、軍民共用空港とし、一五年使用期限を設けるという稲嶺知事の政策により、県内に新たな基地を建設出来る米軍、特に海兵隊の既得権維持（普天間は、海兵隊が国外でも単独で持つ唯一の航空基地である）、埋め立て工事による土砂利権と土木建築利権を期待する沖縄側の計算、海兵隊を沖縄に置いておきたい日本政府の願望が重なったためである。しかし、「一五年使用期限の後は、海兵隊は撤退し、辺野古の基地は民間空港とする」との稲嶺知事の政策を、日本政府は米政府・米軍に一度たりとも本格的に交渉しておらず、米軍は基地の使用期限を設定することを、当初から拒否している。よって、この「一五年使用期限」は、空証文にすらなっていない。しかし、日本政府の在沖海兵隊必須論は、海兵空地任務部隊（ＭＡＧＴＦ）は航空部隊と地上戦闘部隊が一体で駐留する必要があるとしていることから見ると、辺野古飛行場が民間専用空港になるという稲嶺案は、二〇〇五年に稲嶺知事が米国連邦議会調査団に要求した、海兵隊の全面撤退論の根拠として理に適っていた。

では、既存の普天間航空基地は危険ではないのか。二〇〇四年八月の沖縄国際大学への海兵隊ＣＨ五三Ｄヘリコプター墜落事件が、改めて「普天間の危険性」を立証した。しかし、当時の軍民共用空港案では、建設に一五年かかる計画であり、「普天間の危険性除去」が「原点」であるならば、政策目標に完全に違う計画である。そもそも、軍民共用空港建設のための海底ボーリング調査に対して、今に続く辺野古の座り込み運動が始められたのは、「沖縄県民の負担軽減」のために、新たな基地を、珊瑚礁の海を埋め立てて建設することの矛盾が大きな根拠であった。

まとめると、「原点は沖縄県民の負担軽減」であったのが、「普天間の危険性除去」とすり替えられてきたために、辺野古現行計画の強行への格好の正当化として使われてきたのである。更に、米政府・米軍は、普天間が危険であると、日本に対して公式に認めたことは一度もない。米海軍航空基地運用規制ＡＩＣＵＺによれば、普天間航空基地周辺には、米国内であれば危険性回避のために民間使用が認められない区域に、多くの民家、学校、病院等があるにもかかわらず、この規制は日本には適用されない、という日米の公式見解から、危険性を認めていないのである。二〇〇三年一一月に、当時のラムズフェルド国防長官が稲嶺知事との会談に来沖した際、普天間を視察し、「世界で一番危険な基地」と発言したと、巷間伝えられてきたが、この発言の公式記録はない。「原点は普天間の危険性除去」と言い募る公的な根拠は存在しないのである。

2　在沖海兵隊の実相

日本政府が辺野古建設を強行し、国民世論もそれを止めるに至らない大きな理由は、在沖海兵隊への根拠のない期待が宣伝し尽くされて、辺野古が造られなければ中国に対する抑止力が失われる、という言説が行き渡っているためである。多くの日本国民の理解は、「沖縄の心情は分るが、一方、冷徹な安全保障政策の上で、辺野古が必要だ」、というところであろう。二〇一六年研究会では、報告時間の多くをこの点に費やした。以下、在沖海兵隊の役割、米軍が島嶼防衛で担う役割、あるいは、「尖閣諸島が日米安全保障条約の適用地域である」という宣伝の根拠などを検討する。二〇一九年時点でも、まだこれらに関する事実が、沖縄県内ですら広く認知されていない状況があり、繰り返しになるが、詳述する。

（一）兵隊は「突撃部隊」「切り込み部隊」なのか

米国海兵隊は、敵地に最初に乗り込み、橋頭保を築く部隊である、あるいは、海兵隊のみが連邦議会の宣戦布告を必要とせず、大統領命令で行動できる、というような説が見られる。海兵隊が、海から敵地に入る部隊として編成されたのは事実である。しかし、このような作戦を海兵隊が遂行したのは、第二次世界大戦での役割が大きく、とりわけ日本ではその印象が強いまま、今まで「突撃部隊」として、知られているのだろうし、また海兵隊もその印象を売り込んできた。しかし、海兵隊が、大規模な敵前上陸作戦を実行したのは、一九五〇年朝鮮戦争仁川上陸作戦が最後である。その後の戦争は、空海軍による攻撃が端緒を開き、制空権、海上優位を確保した上で、陸軍と海兵隊を占領部隊として投入することが常となっている。「勇敢な海兵隊が敵に突っ込む」というような戦争は、現代ではありえない。よって、今日在沖海兵隊が宣伝するように、人道支援・災害救援という新たな存在意義を売り込まねばならなくなっている。

また、米国憲法では、宣戦布告の権限は連邦議会が持つことは事実であるが、同時に大統領を軍の最高指揮官として定めており、実際にも大統領は議会の宣戦布告決議なしに、海兵隊だけでなく、他の三軍も動かしてきた。海兵隊だけが特別というのは、文言上だけの話である。

（二）兵隊は尖閣を守るのか

日本で、在沖海兵隊が必要とされる根拠になっているのは、一つには、朝鮮半島での戦乱への対応であり、もう一つが尖閣諸島を巡る潜在的な軍事的対峙への対応である。朝鮮半島で戦乱が起き場合に、在沖海兵隊が何か出来るか、地図を見れば一目瞭然である。沖縄は地理的に遠いのである。北朝鮮のミサイルに対する防備には、海兵隊は何の役にも立たない。仮に北朝鮮と韓国の間で地上戦が始まれば、沖縄にいる二〇〇〇人程度の海兵部隊では、何もできず、数十万人単位の陸軍・海兵隊の動員が必要になる。

現在の日本で、在沖海兵隊に期待されている役割は、尖閣諸島での中国との軍事衝突が起きた際に、参戦し、尖閣を防備する、ということであろう。「尖閣諸島周辺が日米安全保障条約の適用地域である」から、尖閣に近い沖縄に米海兵隊がいれば防衛に駆け付けてくれるはず、との期待が定着している。在沖海兵隊は中国への抑止力であるから、辺野古は必須である、とは、鳩山元首相が辺野古建設を受け容れて辞任した際の言い草であった。ここから、辺野古に反対する沖縄は、中国の侵略を迎え入れようとしている、中国の回し者であるとの非難が行き渡ることになった。

では、日米安全保障条約では、何が決められているのか。第五条は、「各条約国は、日本国の施政の下にある領域における、いずれか一方に対する武力攻撃が、自国の平和及び安全を危うくするものであることを認め、自国の憲法上の規定及び手続に従って共通の危険に対処するように行動することを宣言する。」と規定している。尖閣諸島が日米安年保障条約の適用地域とされるのは、尖閣諸島が「日本の施政の下にある領域」だからである。それは、具体的には、第六条の規定「(前略)アメリカ合衆国は、その陸軍、空軍及び海軍が日本国において施設及び区域を使用することを許可される」に基づき、尖閣諸島の二島が米軍演習場として提供されているためである。

この二島は、日本名で久場島、大正島と呼ばれる小島、岩礁である。沖縄県内の、米軍に提供されている施設・区域一覧は、一九七二年五月一五日付「日米合同委員会第二五一回議事録 施設分科委員会覚書」に明記されている。この議事録は、俗に「五・一五メモ」と呼ばれ、沖縄の施政権返還により、それまで米軍が自由に使用できた沖縄県内の基地・施設は、全て、日本政府により提供される、という体裁に変わったため、その確認のために作成された。この議事録は、一九九〇年代に、射爆撃場での劣化ウラン弾使用による汚染が問題化したことを契機に、沖縄県が開示を要求し、段階を踏んでようやく開示された経緯がある。

「五・一五メモ」に挙げられている尖閣諸島の演習場とは、覚書番号九四四施設番号FAC六〇八四「黄尾嶼射爆場」と、覚書番号九四五施設番号FAC六〇八五「赤尾嶼射爆撃場」である。これらは、久場島、大正島の琉球名であり、現在、中国が使っている呼称である。

久場島=黄尾嶼は、空対地射撃・爆撃演習の目標であり、米軍に提供されているのは、島と、陸岸から一〇〇メートル以内の海域及び島の上空四〇〇〇フィートまでの空域である。大正島=赤尾嶼は、空軍に加えて、海軍の艦対地射撃訓練の目標としても提供されており、半径五海里＝約九キロの海域と、その上空の空域が提供されている。

米軍に提供されているのは、この二島だけである。尖閣最大の魚釣島は提供施設ではない。ちなみに、久場島と大正島の面積は、それぞれ〇・九平方キロ、〇・〇六平方キロでしかない。（魚釣島は三・八二平方キロ）海域が提供されている大正島＝赤尾嶼から、魚釣島までの距離は一〇〇キロ以上あり、米軍演習場のこの二島の「施政下」と、魚釣島も関係ない。米政府が、尖閣諸島を守るとしても、この二島しか守る義務らしきものは存在しない。「尖閣諸島」が提供されているのでも、第二次世界大戦前には数百人の人口があった魚釣島でもない。また、この二島が射爆撃場として使用されたのは、一九七四年が最後である。

加えて、米国政府の領有権に対する姿勢は「最終的領有権に関しては中立」である。これは、一九五二年のサンフランシスコ講和条約から不変であり、公式に発言したのは、ニクソン大統領が最初だったが、二〇一四年にオバマ大統領が「尖閣諸島は安保の適用地域」と日本で大きく報道された発言をした時にも、「領有権には中立」を明言している。(1)

以上で明らかなように、日米安保条約上、米軍に、「尖閣諸島」を防衛する義務はなく、仮に動くとしても、条約上は、最大限、上陸も困難な二つの小島だけが対象である。また、二〇一五年に結ばれた「日米防衛協力のための指針」（新々ガイドライン）の中で、「Ⅳ日本の平和及び安全の切れ目のない確保」中の「陸上攻撃に対処するための作戦」で、「自衛隊は、島嶼に対するものを含む陸上攻撃を阻止し、排除するための作戦を主体的に実施する。（中略）米軍は、自衛隊の作戦を支援し及び補完するための作戦を実施する。」と定めている。自衛隊が「主体的に」実施する、の箇所の英語正文は、

primary responsibility であり、「第一義的に」である。それを「主体的」としたのは、米軍の参戦が約束されているかの印象を与えるための意図的誤訳である。それにしても、米軍の役割は、支援と補完と明瞭に定められている。[2] これから、尖閣に米軍が真っ先に乗り込むという想定は成り立たないことは明らかである。

【追記】尖閣での戦闘に在沖海兵隊が参戦しないことは、長らく秘されてきたように見える。それが、二〇一七年八月二三日付の朝日新聞オピニオン欄連載「安保考」で、香田洋二・元自衛艦隊司令官が「例えば尖閣諸島程度の小島を米軍が守るはずがない」「現場の作戦に米軍が参加すると思っている自衛隊幹部は皆無でしょう」との発言をした。次いで、同年一二月一九日の朝日新聞同連載で、杉本正彦・元海上幕僚長が、「尖閣諸島で紛争が仮利に起きた場合も、一義的に対応するのは自衛隊であり、米軍ではありません」と話している。興味深いのは、杉本氏が「一義的」と、正しい訳語を使っている点である。二〇一八年一二月六日付朝日新聞記事では、山口昇・元陸将、元防衛大学校教授が「ただ、よく誤解されますが、尖閣諸島は日本の領土なので、守るのは日本です。米軍は安保条約上の義務を果たす過程で動くことはあるかもしれないが、期待してはいけません。」と発言している。管見によれば、元自衛隊関係者が、この事実を公的に発言したのは、二〇一五年七月一五日付朝日新聞「耕論」で、小原凡司・元陸自航空指令が「日米が一緒に尖閣を守るという議論がありますが、ナンセンスだと思います。そんなことを米国はしないし、防衛は日本の責任です。」と語っているのが最初であった。その後、表に出ない場面で、在沖海兵隊が尖閣で戦争するという期待はナンセンスだ、という発言を、元自衛隊幹部がするのを、筆者も直接聴いたことがあるが、公では話されなかった。

それが、なぜ、二〇一七年以降、これが「タブー」でなくなったのか。共通する動機は、自衛隊の強化を訴える点である。陸自の海兵部隊創設・強化に向けての世論喚起が主たる理由であろうが、もう一点、事実に基づかない米軍への期待が日本で募る状況への、軍事専門家からの警鐘であることも事実であろう。その証拠に、これら発言は、全国紙上の目立つ記事であるのに、その後、反響を全く見ないし、知られてすらいない。

（三）オスプレイMV―二二は、「尖閣まで直行直帰」の新兵器なのか

海兵隊オスプレイは、一方で、通常のヘリコプターに比べて、水平飛行は翼を使えるために飛行速度が高く、航続距離も長い、そして、滑走路が不要な垂直離着陸機という、「軍事戦略に革命をもたらす新兵器」である、というような評価が広まり、自衛隊も購入したことは周知であろう。他方、墜落事故を多く起こした、「欠陥機」であるというような批判も根強く投げかけられてきた。

オスプレイが戦闘機・爆撃機ではなく、輸送機に過ぎないという事実が、そもそも知られていない。しかも垂直離着陸機とするために、機体が軽く、側が薄く装甲が弱い飛行機である。これが実証されたのが、二〇一三年一二月に、南スーダンの内戦で、反政府ゲリラが占拠した地域に、米国民が取り残されたのを、空軍オスプレイCV―二二が救出に飛んだ際の事件である(3)。

空軍オスプレイに、海軍特殊戦闘部隊の兵員を乗せて、三〇人ほどの米国民を救出に飛んだところ、南スーダン反政府ゲリラの手持ち機銃に撃たれ、機体が薄いので弾丸が貫通し、特殊部隊隊員が重傷を負い、空軍は救出作戦を中止し、撤退した。翌日南スーダン反政府ゲリラと交渉し、米国民間人救出目的だから攻撃しないよう、要請し、通常の民間ヘリコプターをチャーターして救出した。この事件は、AFPやハフポスト日本語版、時事通信サイトでは、CV―二二オスプレイが被弾して撤退したと、機名を出して報道されたが、全国紙では報道がなかったか、「米輸送機」とだけ書かれていた。

さらに、二〇一五年には、空軍はこの事件に懲りて、CV―二二機内の、側壁と床に、暑い金属の装甲を内貼りした。空軍オスプレイは、このような特殊作戦に用いるので、所持機体の六〇パーセントに装甲強化をしたとの報道があった(4)。しかし、沖縄にいる海兵隊オスプレイは、元々狭い機内に座席を二四並べて、地上戦闘部隊兵員を北部演習場等に運ぶ、いわば「通勤バス」の役割を果たすため、装甲強化をする必要もなければ、座席数が減る装甲強化は不可能でもある。

二〇一六年二月一六日に、防衛相が佐賀県の陸自オスプレイ配備に関する質問書に対して出した回答書によれば、「陸上自衛隊に導入するV―二二は、通信機器など一部の機器をのぞけばMV―二二やCV―二二と同一の航空機であり（後略）」としており、手持ち銃で被弾し逃走したCV―二二と、在沖海兵隊の持つMV―二二は、同じ機体であることが分る(5)。

【追記】

二〇一七年二月二五日付朝日新聞西部版（福岡）の「オスプレイ役に立つか」というインタビュー記事で、「滑走路問わず理想的輸送機」との見解を述べている、佐藤正久・元陸自イラク先遣隊長・自由民主党参議院議員・後の外務副大臣が、その中で、以下のように説明している。「オスプレイの運用の仕方には色々なパターンがあると思います。輸送機なので武装はしていないから、持って行くのは前線でなく後方ですよね。弾が飛び交う中には行きません。下から撃たれたら終わりだし、そんなのに隊員は乗りませんよ。米海兵隊が持っているし、特殊部隊も使うから、戦闘機みたいなイメージがあるかもしれませんが、日本の場合はそんなんじゃありませんから。そんなにおどろおどろしいところには行かないと思います。」下から撃たれたら終わり、とは、まさしく南スーダン被弾事件を言っており、戦場には行かないとはっきり述べている。さらに、先述のように、海兵隊が持っているオスプレイも、特殊部隊を乗せる空軍オスプレイも、同じ機体である。
ここまではっきりと、軍事専門家であり、自民党政府の要職にある国会議員が、オスプレイは「弾が飛び交う中には行きません」と断言していることが、なぜ日本社会に受け容れられないのだろうか。

補論　二〇一七年以降の沖縄の政治状況

1　翁長雄志前知事の死去まで

二〇一六年九月の福岡高裁、一二月の最高裁と、沖縄県は続けて、一五年一〇月の辺野古埋め立て承認取り消しに関する訴訟に敗訴した。沖縄県は、法廷闘争で辺野古建設を阻止することを主眼とする策を採ってきただけに、この一連の敗訴は、翁長前知事にとって、大きな打撃となった。一二月一三日には、海兵隊オスプレイが名護市安部海岸で墜落事故を起こし、大破するなど、その後も、県内ではオスプレイや海兵隊ヘリの事故が相次いだ。

二〇一七年は、翁長前知事が埋め立て承認の「撤回」をすべきである、という知事支持側からの強い批判が上がるようになり、一方、国の政策に追従する側からは、根拠のない、翁長は中国のエージェントである、辺野古反対運動は中国からの資金援助で行われているといったデマが、インタネット空間を埋めた。四月には、防衛省が遂に護岸工事に着手し、翁長前知事は有効な阻止の手段を見いだせないまま、後退を余儀なくされているように見られた。

一二月の衆議院総選挙では、県内四区のうち三区を、翁長支持「オール沖縄」議員が議席を守り、全国的には、野党分裂衰退の中、未だに「辺野古反対」の県民民意が強いことが示された。

しかし、二〇一八年二月に、辺野古の当地である名護市長選挙で、「オール沖縄」のもう一方のシンボルとなっていた、稲嶺進・名護市長が、自公の推す渡具知武豊・名護市議に敗北するという、大打撃を受ける。渡具知候補は、辺野古の是非を一言も言わず、国からの振興策による明るい未来云々のみを喧伝し、SNSを活用して若者にも浸透し、勝った。この「辺野古のへの字も言わない」策略は、二〇一六年一月の宜野湾市長選挙で、佐喜真淳市長が使い、功を奏し、名護市長選でも有効で、それが、佐喜真前宜野湾市長が候補者となった九月の知事選挙でも使われることになる。

稲嶺前市長は、辺野古反対を掲げて二〇一〇年に勝利した後、米軍再編推進交付金を打ち切られた。これは、岩国市で空母艦載機受け容れに反対した井原勝介前市長に対し、市役所庁舎建設の補助金を凍結し圧力をかけ、最終的に井原市長が選挙で敗北した策略に倣ったものだった。しかし、稲嶺市政は、予算の優先順位見直しにより、再編推進交付金無しでも、混乱なしに二期を運営した。しかし、市民に、これがどれほどに異例かつ称賛すべき自治の営みであったかが十分に伝わっていなかったきらいがあり、渡具知陣営の国からの財政補助による市民負担軽減宣伝に屈することとなった。

県知事選を一一月に迎えた沖縄政治状況は、翁長支持のオール沖縄勢力にとり、名護市長選挙からの暗い道どりとなった。二、三月には辺野古埋め立てを県民投票で決するという提案の具体化が動き出したが、県政与党、労組、市民団体の多くは、県民投票に冷淡であった。翁長支持の財界二巨頭たる、かねひでグループの呉屋守将会長と、かりゆしグループの平良朝敬オーナーが、名護市長選挙敗北の責任を負うという形で、オール沖縄を離脱した。呉屋氏は、意欲を見せていた県民投票を、オール沖縄が否定したことが、実際には大きな理由であったようだ。他方、平良氏は、その後の県知事選挙で、かりゆしグループは自主投票としたことから、真の離脱・離反であった。

翁長前知事の強さとして言われてきたのは、元・自民党県連幹事長である保守政治家が辺野古反対を掲げて知事になったことで、「反対」が新たな構造を作り出したという点である。それと共に、財界人にまで辺野古反対が広がったと言われた象徴がこの二人だったのだが、それが崩れた。加えて、県内首長選挙では、翁長直系候補が負け続け、名護市長までを失い、市町村次元では、オール沖縄勢力の退潮が明らかであった。埋め立て承認撤回を求める声は日増しに強まり、辺野古反対陣営の中で、翁長退陣論まで公然と主張されるようになっていた。

出口無し状況の中で、翁長前知事は、追い詰められていた。その状況で、四月に知事は人間ドックから再検査、そして、五月に膵臓癌の切除が公表された。この段階でも、一一月の知事選挙には、他に勝てる候補者がいないという事情から、医学的常識からは考え難いことであるが、翁長復帰待望論が強かった。

以後、病状が悪化する中、七月二七日に埋立て承認撤回を表明、三〇日に再入院、そして八月八日に膵臓癌のために死去という、予想もしなかった結末を迎えた。

2　二〇一八年知事選挙

一一月一八日に予定されていた知事選挙は、知事死去にともない、九月三〇日に投票されることになった。県内政治情勢は、「翁長知事の遺志を継ぐ」というスローガンの下、玉城デニー候補者勝利に向かうことになる。翁長批判は、命を賭けて辺野古を止めた、という最期の姿の前に霧散した。八月三一日に、職務代理者の副知事により埋め立て承認が撤回された。知事の死は、改めて国の圧政と闘うことの苛烈さを、県民に知らしめたといえよう。後継候補者選考は、当初揉めたが、「遺言の録音があった」という話から、玉城デニー衆院議員に急速に一本化した。自公側は、日本青年会議所の会頭を沖縄出身者として初めて務め、自分の企業活動を通じて若者層の人気を高めてきた若手財界人・安里繁信氏が名乗りを上げたが、普天間の当事者である佐喜真淳・宜野湾市長が候補者として選ばれた。表向きは、宜野湾の保守市長としての知名度の高さ、が言われたが、実際は、四〇代の財界実力者を知事にすれば、向こう二〇年間は天下を取られることを嫌った自民党沖縄県連の指導者たちが、御しやすいと捉えた佐喜真氏を選んだのである。選挙後の自民党県連幹部の談話として、敗因は佐喜真氏の知名度が低かったため、とされていたことがその証拠である。

筆者は、知事選挙で玉城候補が勝つのは困難であると予測した。それは、

・前回知事選挙での自民・仲井眞票に、今回佐喜真支持に回った県内に一定の固定票を持つ下地幹郎・衆院議員の前回知事選挙での得票と、前回自主投票だった公明票が加わる

・市町村次元でのオール沖縄勢力の退潮

・県政与党の衰退

・若年層の政治意識、基地問題への態度変容

といった条件からである(6)。

しかし、選挙結果は、玉城候補が、沖縄知事選挙史上最多の三九万六千票余を獲得し、八万票の大差で圧勝した。選挙戦途中で、玉城候補が選挙スローガンを「沖縄新時代」から、「翁長知事の遺志を継ぐ」に変え、翁長後継・弔い合戦を前面に出したことが、最大の理由である。また、「辺野古」県民投票の会が、翁長知事死去の前から条例制定のための署名を集め、九月五日までに一〇万筆を超える署名を集め、県に条例制定を請求した。この動きが、県知事選に繋がったことは確かであり、また、この運動は、かねひでグループ呉屋守将氏の全面的な支援を受けた、若者グループが中枢を担ったことが、新

たな政治運動の形を生み出し、それが、知事選になだれ込んだ。従来の沖縄の大衆運動を担ってきた労働組合が弱体化し、市民運動も高齢化が進む中、全く新しい若者たちの運動が、若者をリーダーとして運営された。知事選挙でも、玉城支持のＳＮＳ発信や、イベントを、彼等が担った。その後の二月の県民投票の結果を生み出すまで、近年の日本には例がない、韓国のロウソク運動、香港の雨傘運動、台湾のひまわり運動に、参加者数でははるかに及ばないが、インパクトでは通じるような、若者の政治運動と評価しても過大ではないだろう。

佐喜真候補は、「辺野古のへも言わない」戦略を貫いたが、その限界があった。眼前に立ちはだかる政策課題を、無いふりをして選挙戦を戦うことの不自然さが祟った。

3　辺野古埋め立てを巡る県民投票

一〇月二八日、沖縄県議会が「辺野古米軍基地建設のための埋立ての賛否を問う県民投票条例」を制定。しかし、ここで全会一致にならなかったことが、後の混乱を招くこととなった。投票日が二月二四日に決められた後、一月中旬に、宮古島、宜野湾、沖縄、石垣、うるまの保守系五市長が、県民投票への不参加を表明した。理由として、県民投票が普天間の危険性の除去を扱っていない、賛否二択では複雑な県民意識を表明できない、市議会が否決した、等が挙げられた。このままだと、三割の有権者が投票できなくなるために、投票権・参政権を守れというキャンペインが張られた。最終的に、一月二四日に、「どちらでもない」の選択肢を加えた三択での実施に自公も合意し、全県実施が確定した。この過程で、最も効果があったのは、保守的思想が知られている天方徹会長名で、沖縄弁護士会が一月九日に発表した、五市長を強く批判する声明だったのではないか(7)。また、同会長が、一月二四日の地元紙インタビューで、首長の訴訟リスクを指摘したことが、三択で落ち着いたことに影響がなかったとは考え難い(8)。

全県実施が争点となってしまい、辺野古の是非そのものを議論する期間がなくなり、また、最も発信力がある知事は、中立の立場で臨まねばならず、県民の理解は必ずしも深まらなかった。辺野古の埋立てに反対が四三万票と、玉城知事の得票数を超え、投票総数の七一パーセント、投票率が辛うじて過半数超えの五二・四八パーセントで、「絶対得票率」は反対が三七・三パーセントという結果をどう見るか。そもそも二〇一八年知事選挙で、辺野古反対を明瞭に公約とした玉城候補が勝っている以上、「民意」ははっきりしている。三択となった県民投票は、「反対」投票を減らす効果があると見られていた。また、「辺野古の埋立て」限定の賛否を問う県民投票にも関わらず、一般には在沖米軍基地全体の是非を問う投票と考えられていたように思われる。そうなれば、「複雑」な米軍基地への感情が影響し、「反対」が減る可能性が高い。そのような条件の下での、この結果は、反対の民意が強い、という以外の解釈はできない。

出口調査によれば、賛成に投じた内、普天間の危険性の除去のためを理由として挙げた有権者が五割から六割いた。二〇一三年策定の「沖縄における在日米軍施設・区域に関する統合計画」によると、普天間返還には八条件が課されていて、辺野古新基地建設は、その一つに過ぎない(9)。残る条件の中で、最難関なのは、県内に緊急時に使用できる民間空港を確保しなければならないというもので、これは、辺野古の滑走路が短く、固定翼機の運用に足りないためである。実質的に、那覇空港を提供しなければ、普天間は返還されない。この条件は、二〇一七年九月に当時の稲田防衛大臣、翌三月に、当時の小野寺防衛大臣が、国会で確認している。辺野古の建設そのものが、軟弱地盤埋め立て問題で、工期が延びるだけでなく、そもそも、米軍にもう一本の長い滑走路を提供しなければ、普天間は返還されない。安倍首相は、二〇一九年三月一日に国会で、「新基地が完成すれば普天間は返還される」と断言したが、それは、米軍次第である条件は何ら変わらない。日本政府がそれをどう説得できるのか、全く不明のままである。更に、緊急時か否かを決める権限は、日本にはない。米国の言いなりである。

4　辺野古新基地問題の展望

玉城知事は、条例の定めに従い、三月一日に、日米政府に結果を報告した。県民投票結果にかかわらず工事を続けると言い続けていた通り、日本政府は新たな護岸工事も開始した。県民投票で反対が多数を占めたとして、県がどのように辺野古を止められるかは、明らかでなかった。八月三一日の埋め立て承認撤回は、一〇月三〇日に国交相が執行停止を決め、効力を失った。この件を訴えた国地方係争処理委員会は、二〇一九年二月一八日に、県の訴えを却下した。沖縄県の法廷闘争・司法闘争の展望は厳しいものがあり、他に辺野古を止める確たる方策があるわけでもない。

にもかかわらず、県民は「法的拘束力のない」県民投票に意思表示を託し、結果を出した。県次元で住民投票を実施したのは、日本で沖縄県だけであり、それもこれが二回目である。いずれも米軍基地に関してである。この事実自体が、沖縄県に関して、日本の民主政が機能不全を起こしている何よりの証拠である。更に言えば、施政権が切り離される前で、まだ沖縄県であったにも関わらず、一県の全住民を日本の施政権から切り離すという甚大な結果をもたらすサンフランシスコ講和条約批准に際し、それを決めた国会に沖縄県選出議員もいなければ、沖縄県には議席すら配分されていなかった。憲法九五条は、このような、一地方公共団体の住民に対して、圧倒的な不利益をもたらす決定を国会が下すのに対する拒否権ではないのか。条約は特別法ではなく、また沖縄県にだけ適用されるのではない。よって、憲法九五条は、サンフランシスコ講和条約批准には適用されない、という法理なのであろう。しかし、民主政の問題は、それで解決しない。サンフランシスコ講和条約批准、否、日本国憲法制定時から、民主主義の不全の中での存在を沖縄県民は強いられている。[10] それが、今にも続いている。他のどの県で、「迷惑施設」を巡る県民投票が強いられ、その結果が全く無視される事態が考えられようか。

このような日本社会の中で辺野古を止めることは困難である。しかし、ここで諦めることは、日本の民主政自体を不全な物として屠ることに他ならず、その選択はありえない。辺野古の闘いは、すぐれて「日本の民主化」の闘いである。

注

（1）Mark E. Manyin, "The Senkakus（Diaoyu/Diaoyutai）Dispute: U.S. Treaty Obligations", *Congressional Research Service*, October 14, 2016

（2）「防衛省　日米防衛協力のための指針（平成二七年四月二七日）」
http://www.mod.go.jp/j/approach/anpo/shishin/pdf/shishin_20150427j.pdf

（3）Michael R.Gordon, "Attack on U.S. Aircrafts Foils Evacuation in South Sudan", *the New York Times*, Dec.21, 2013, Michael R. Gordon and Ismail Kushkush," Americans Evacuated from South Sudan", *the New York Times*, Dec. 23, 2013

（4）Richard Whittle, "AFSOC Ospreys Armor Up after Painful Lessons Learned in South Sudan", *Breaking Defense*, May 15, 2015

（5）九州防衛局企画部長「佐賀空港における自衛隊機當配備に関する説明内容等について（回答）」三一頁問三

〇、平成二八年二月一六日

（6）佐藤学「沖縄知事選　争点消滅の重い意味」『現代ビジネス』二〇一八年九月二七日。
https://gendai.ismedia.jp/articles/-/57666

（7）「辺野古米軍基地建設のための埋立ての賛否を問う県民投票条例」に基づく県民投票が全県下で実施されることを強く求める会長声明、沖縄弁護士会、二〇一九年一月一一日（声明は九日付）
http://www.okiben.org/modules/contribution/index.php?page=article&storyid=180

（8）沖縄タイムス二〇一九年一月二四日。

（9）http://www.mod.go.jp/j/approach/zaibeigun/saihen/pdf/20130405_okicon_plan_j.pdf

（10）古関彰一「沖縄にとっての日本国憲法」『法律時報』六八巻一二号（一九九六年）

（さとう　まなぶ・行政学）

Ⅲ　自治体行政の中の憲法

1　公共施設の利用制限をめぐる法的問題

首藤重幸
（早稲田大学）

自衛隊の軍事パレードの中止を求める集会（本件集会という場合がある）の開催を目的として、石川県平和運動センター（以下、「平和運動センター」という）が金沢市庁舎前広場の使用許可申請をおこなったところ、金沢市長がこれを不許可処分（以下、本件使用不許可処分という）とした。これに対して、平和運動センターや本件集会参加予定団体・個人が原告となって、本件使用不許可処分を違法とする国家賠償請求訴訟を提起するところとなった。

この国家賠償事件につき、原告側の主張を支持する観点から、行政法学の視点からの金沢地裁への意見書を提出する機会を得た。以下、この意見書で述べた内容を基礎にしながら、本件使用不許可処分の違法性について考える所を述べることにしたい。なお、この意見書の提出後、第一審の金沢地裁（平成二八年二月五日判決・判例時報二三三六号五六頁）(1)は請求を棄却する判決をし、控訴審の名古屋高裁金沢支部（平成二九年一月二五日判決・同号四九頁）(2)も控訴棄却、そして最高裁も上告不受理決定（平成二九年八月三日）とすることで裁判としては確定した。

以下、本稿では、まず、第一審判決が示される前に提出した意見書の概要を提示したのちに、その後に出された第一審判決について若干のコメントをするという構成とする（第二審判決の骨格部分は、第一審判決と同様と思われるので主として第一審判決を検討対象とした）。
本論に入る前に、この事件の展開を時系列的に示すと以下のようになる。

平成二六年
五月二日　平和運動センターが、金沢市庁舎前広場の金沢市長に対する使用許可申請
＊集会目的：（自衛隊の）「市内軍事パレードの中止を求める集会」
場所・日時：金沢市庁舎前広場で五月一九日・午後六時三〇分～七時三〇分
五月七日　平和運動センターのメンバーが市の担当職員と面談
＊担当職員は、金沢市庁舎等管理規則（この時系列のなかでは、以下「本件規則」という）は適用されず、金沢市広場管理要綱（この時系列のなかでは、以下「本件要綱」という）が適用されることを説明（申請の集会は、庁舎前広場での禁止行為を定める本件要綱六条四号の「政治的な行為」に該当すると説明）
五月一四日　市長が不許可処分
＊拒否理由：本件規則の定める以下の不許可事由に該当
五条一二号　示威行為
五条一四号　庁舎の管理上の支障（庁舎の耐震改修工事のための仮駐車場、資材置場に使用）
五月一六日　不許可処分に対する異議申立て

＊六月一七日　却下決定
五月一九日　会場を変え石川県中央公園で集会（市内軍事パレードの中止を求める集会」）を開催
七月一八日　本件訴訟提起（国家賠償請求）

一　本件庁舎前広場の法的性格と本件拒否処分の違法性

1　金沢市庁舎前広場の法的性格

（一）行政財産の分類論

金沢市庁舎前広場の使用許可申請に対する本件使用不許可処分の違法性を検討する前提として、この金沢市庁舎前広場（以下、庁舎前広場という）の行政法学における公物論上の性格を確認しておく必要がある。被告・金沢市は、行政財産（講学上は公物）分類論を機械的に理解したうえで、庁舎前広場をそのなかの「公用物」に該当するとして、この分類論から使用許可権限の行使につき管理者に広い裁量権を導こうとしている。

行政法学における公物論の分類論では、庁舎は一般的に、公共の用に供する行政財産（公物）のなかでも、直接的に国民・住民の用に供される「公共用物」とは区別され、主として行政の用に供される「公用物」に区分されてきた。この区分の一般的モデルとしては、公共用物の典型として自治体が設置する市民会館や公園などが、公用物の例として各省・自治体の庁舎や公務員宿舎などが挙げられてきたところである。

さて、国や自治体によって設置・運営される施設（行政財産）は、その施設の設置目的や関係してくる人権の多様さに相応して、当該施設を国民・住民が利用する法関係も多様なものとならざるをえない。従来の学説は、この区分の判断が困難というようなものではない典型的施設での典型的作用のみを念頭に公共用物と公用物を区分し、そこでの両者の「一般的な利用関係の法的性格」の差異を論じてきている傾向がある。しかし、この典型的な類型におさまりきらない性質を有する公共用物や公用物を、あえて、いずれかの区分に属させることで、即座に従来の「一般的な利用関係の法的性格」の議論を適用することは妥当ではないことは明らかである(3)。

さらにいえば、典型的な公用物とされてきたものさえも、その利用に関わる人権の性格や特殊性によって、その使用をめぐって発生する諸問題を、公用物の「一般的な利用関係の法的性格」の理解で解決することはできない場合がでてくる。たとえば、公用物の典型とされてきた裁判所庁舎の使用関係でさえ、憲法の保障する裁判の公開原則（憲法三七条一項、八二条一項）によって、他の典型的な公用物の使用関係とは異なる法的理解が求められる場合が生じることになる。一般的に行政法における種々の分類論については、伝統的行政法（学）が構築してきた分類論・区分論を絶対化することでは妥当な行政法上の問題解決をはかることができないことは異論のないところであり、行政財産の分類論以外でいえば、その代表的な例が行政法学体系の骨格をなす行政行為分類論である。

（二）集会の自由と行政財産

人権カタログのなかでの集会の自由の重要性・優越性については、自明のことであろうが、最高裁判決が述べるところによれば次のような位置づけになる。

「現代民主主義社会においては、集会は、国民が様々な意見や情報等に接することにより自己の思想や人格を形成、発展させ、また、相互に意見や情報等を伝達、交流する場として必要であり、さらに、対外的に意見を表明するための有効な手段であるから、憲法二一条一項の保障する集会の自由は、民主主義社会における重要な基本的人権の一つとして特に尊重されなければならないものである。」（最高裁大平成四年七月一日判決・民集四六巻五号四三七頁）

さて、このように位置付けられる集会は、多人数が集合する場所を前提として成立する活動であることから、集合するための場所が利用できなければ、その意義を実現できないところに特徴がある。ここに、集会の自由を、権力からの自由という観点からのみの公権力の「規制」という視点に加えて、その集会の場所の提供や利用機会の保障という公権力からの、いわば「給付」という視点からも捉えておく必要性が出てくることになる。ここにいう集会の自由にかかわる「給付」の視点は、たとえば地方自治法が集会の場所を提供・保障するために「公の施設」を設置することを想定し、さらに「正当な理由がない限り、住民が公の施設を利用することを拒んではならない」（同法二四四条二項）と規定するなかに見出すことができる。

さて、以上のような集会の自由の意義を前提とした場合、その集会の場所の提供・保障につき、「公用物」における集会場所の利用は原則的に許されていないというような法理を導くことはできないことは明らかである。それゆえ、「金沢市庁舎等管理規則」（以下、「管理規則という）でも、公用物たる庁舎等につき、「庁舎等の管理上特に支障がないと認めるときは」、使用の許可をすることができる（管理規則六条一項）との内部基準を定めているところである。この管理規則では、「することができる」との権限行使についての裁量の存在を前提とする定め方になっているが、この権限行使は伝統的意味での自由裁量ではありえず、上記の集会の自由の「給付」に関わる理解を基礎に、集会のための公共施設利用の不許可処分をめぐる裁判例において蓄積されてきた裁量権濫用の統制法理のもとで行使されるものである。

2　庁舎前広場の法的性格と本件拒否処分の違法性

（一）行政財産の分類論の相対化

一般的な庁舎は、基本的には行政の事務を遂行するために設置される公用物に分類されるものである。しかし、特に自治体の庁舎では、その建物の内部に広い自由なスペース（空間）が設けられ、市民・県民によるイベントが頻繁に開催されている。これは、庁舎の設計・建設段階から、行政の事務的活動とは直接的な関連を有しない市民の活動スペースを設置することが企図されているものである。さらには、多くの自治体が建物の内部ではなく、その庁舎の前に広場を設けて、市民に活動（集会を含む）の場所を提供している。

これまで庁舎前広場は、集会の自由などの意義と十分に関連付けられることなく、漫然と、形式的な行政財産分類論から、庁舎の一部であるとして公用物に属するものとされてきた。しかし、金沢市庁舎前広場管理要綱（以下、「管理要綱」という）三条にも規定されているように、庁舎前広場は、「本市の事務または事業の執行に支障のない範囲内で」という制限は付されているが、明確に「市民の利用に供させる」ものと位置付けられてきている。金沢市の広報でも、庁舎前広場は市民による利用を目的として設置されたスペースである旨が示されており、少なくとも、この庁舎前広場が金沢市庁舎の一部であるとしても、公用物という用語で典型的に示される、もっぱら行政事務の用に供する庁舎の建物（内）というものとは異なる形状・性質を有している。

この点を踏まえて庁舎前広場の法的性格を検討する場合、名古屋市教育センター事件が注目される。この事件は、教員研修や教育実践の研究等をおこなうために設置された名古屋市教育センター内の講堂等の使用許可を、全国教研集会の打合せ等のために教職員組合が申請したところ、これが拒否されたことで、当該組合が拒否処分の取り消しを求める取消訴訟と効力の執行停止を求めたというものである。この行政処分執行停止申立事件で名古屋地裁は、その申立てを容認するなかで、当該名古屋市教育センターの行政財産としての法的性格につき、次のような判断を示している（名古屋地裁平成一五年一月一〇日決定・判例タイムズ一一四一号一六〇頁）。

①名古屋市教育センターの一般的性格

本件施設（名古屋市教育センター）の法的性格について判断するに、地方自治法二三八条三項の行政財産のうち、公用財産（公用物）とは、庁舎、議事堂のように、当該地方公共団体がその事務又は事業を執行するために、直接使用することを本来の目的として定められた財産を指すのに対し、公共用財産（公共用物）とは、学校、公園のように、住民の一般的共同利用に供することを本来の目的として定められた財産を指す。

本件施設の事業内容や、これを達成するために置かれている組織からすれば、本件施設は、全体としては公用財産に該当すると判断できる。

②講堂等の利用目的

しかるところ、本件施設は、その事業に支障がない限りとの条件付きではあるが、講堂及び展示ホールの施設貸与をも事業目的としており、その設備内容や利用可能な機器等の一覧表を添付した

「名古屋市教育センター利用のご案内」と題するパンフレットを作成し、一般に配布して利用を呼びかけている事実が一応認められ、これによれば、本件施設のうち講堂及び展示ホール部分は、住民の一般的共同利用に供されることを予定しているというべきである。

③準「公の施設」

以上の意味で、本件施設のうち、講堂等の使用関係は、地方自治法二四四条の「公の施設」に準じて規律されるべきであるとの申立人の主張は、理解できないものではない。

この名古屋地裁決定で注目すべきは、以上のような評価を基礎に、公用物（法律上の表現は公用財産とされる）か公共用物（同じく公共用財産）かによって、公共施設（行政財産）の利用をめぐる法関係が画一的に定められるものではないとしてさらに次のように述べる点である。

「その許可、不許可の判断について有する権限主体の裁量権の範囲がどの程度まで及ぶかは、当該施設の設置目的、利用の実態に加えて、当該施設の種類、規模、構造、設備等の具体的状況を勘案して決すべきものであり、公用財産に該当するからといって、直ちに、その権限の行使について何らの制約を受けないと解すべき根拠はない。」

以上のような考え方は、前述のように本件庁舎前広場が主として住民の利用に供することを目的としていることからして、この庁舎前広場の利用についても基本的に適用されるべきものであると考えられ、公用物と公共用物という区分を絶対的な前提とせず、本件使用不許可処分に裁量権の濫用が認めら

れるかが検討されるべきものである。(4)

なお、金沢市（被告）は準備書面のなかで、原龍之介『公物営造物法［新版］』（一九八五年）から、庁舎等の公用物の利用は権利として国民に保障されているわけではないとする同著作の叙述部分を引用している。この叙述部分で原氏は、庁舎が直接に国民の利用のために設けられたものではなく、行政の用に供するために設けたられたものであり、公用物の国民の利用は「たまたま」、そこに庁舎があることから国民が利用しているにすぎない（反射的利益）ともいうべきものであり、その利用に権利性はないとの趣旨を主張している。しかし、少なくとも、この原氏の考え方は、前述のように行政の用に供するためにのみ設けられたものではない庁舎前広場の性格からすれば、庁舎前広場の利用関係に直接的に適合するものではない。さら原氏の考え方は、一九五二年の皇居前広場事件に関連して一部から出された、公園（皇居前広場）使用は私有地の使用を求めるのと同様のもので、管理者の承諾があって初めて使用が許される種類のものであるから、集会の自由の問題とは無関係であるとの主張を連想させるものである。(5)公用物といえども、それは私有の建物や土地ではない公共施設（行政財産）なのであるから、集会の自由の意義からして、それを利用させるか否かは所有者の自由という主張は妥当ではなく、行政事務への支障がない限り、その使用を認めることが要請されているのである（そして繰り返すが、庁舎前広場はもっぱら行政の事務にのみ使用することを予定している施設ではない）。

（二）庁舎前広場の本件使用不許可処分の違法性

（i）裁量権濫用の判断枠組み

庁舎前広場の本件使用不許可処分については、その施設が専ら行政の事務遂行のために使用される建物ではないということからしても、庁舎前広場が公用物か公共用物かという区分論は重要な意義を有しないことはすでに述べたところである。

さて、地方自治法の従来の運用においては、この庁舎前広場の利用について、同法二四四条が直接的に適用されるとは考えられてこなかった。しかし、上記の名古屋地裁決定で述べられている準「公の施設」という考え方に基づけば、本件庁舎前広場を公の施設に準ずるものとして同法二四四条が準用されるとする構成は十分に成立するものと考えられる（そもそも、金沢市においては、一般的な庁舎管理規則とは別に、特別に庁舎前広場についての「管理要綱」が作成されているという事実は、庁舎の一部とはいえ、市民の利用に供することを主要な目的としていることから、金沢市みずからが庁舎前広場を庁舎の建物とは区別されたものであると考えているものと思われる。このことから、庁舎前広場を公の施設の一種として位置付け、その設置・管理につき地方自治法が制定を義務付ける条例を定めたうえで、そこでは市役所業務の中心施設である庁舎（建物）に接していること等の特殊性から、合理的な範囲で他の公の施設は異なる利用基準を定めるという考え方を採用するべきであったともいえる。

この準「公の施設」論は、公共施設の利用をめぐる許可権者の裁量統制の一般的枠組みの中において、次のような体系的位置を占めるものと考えられる。

市立中学校の教育施設を、学校教育という目的ではなく、教員組合の教研集会の会場として使用することへの教育委員会の拒否処分の違法性が争われた事件で、最高裁平成一八年二月七日判決（民集六〇巻二号四〇一頁）は、次のような判断枠組みを示した。

①公立学校の法的性格

公立の学校施設は地方自治法二四四条にいう「公の施設」であり、これを構成する物的要素としての学校施設は同法二三八条の四第四項（現行、同法二三八条の四第七項）にいう行政財産である。

②公立学校の目的外使用

学校教育の目的に使用する場合には、同法二四四条の規律に服するが、これを設置目的外に使用するためには、同法二三八条の四第四項（現行、同条第七項）に基づく許可が必要である。

③地方自治法二四四条が適用されないことの意味

学校施設の目的外使用を許可するか否かは、原則として管理者の裁量によることになる。

④裁量濫用の司法統制の方法

α）一般的基準

裁量権の行使が逸脱濫用に当たるか否かの司法審査においては、その判断が裁量権の行使としてされたことを前提とした上で、その判断要素の選択や判断過程に合理性を欠くところがないかを検討し、その判断が、重要な事実の基礎を欠くか、又は社会通念に照らし著しく妥当性を欠くものと認められる場合に限って、裁量権の逸脱又は濫用として違法となるとすべきものと解するのが相当である。

β）具体的基準

具体的には、「管理者の裁量判断は、許可申請に係る使用の日時、場所、目的及び態様、使用者の範囲、使用の必要性の程度、許可をするに当たっての支障又は許可をした場合の弊害若しくは影響の内容及び程度、代替施設確保の困難性など許可をしないことによる申請者側の不都合又は影響の内容及び程度等の諸般の事情を総合考慮してなされるべきものであり、この考慮・判断の過程に合理性を欠く点や重要な事実誤認などが認められることになれば裁量権の行使は逸脱濫用として違法となる。

この最高裁判例は、公の施設の目的外使用については、地方自治法二四四条の統制を外れて、一般的な同法二三八条の四第四項（現行、同法二三八条の四第七項）による行政財産の使用許可の裁量統制法理のもとにおかれるとしているのであるから、そこでの判示内容は行政財産である公用物の使用許可の裁量統制法理としても適用されるものである。(6) そして、同条に基づく裁量権濫用の考慮要素のなかで、本件庁舎前広場が準「公の施設」ともいいうる性格を有していることが重要な考慮要素となる

（ii）庁舎前広場の本件使用不許可処分の違法性

庁舎前広場の本件使用不許可処分には、上記の最高裁平成一八年二月七日判決が示す「具体的基準」の判断にはいるまでもなく、「一般的基準」のレベルで裁量権の濫用が認定されるとさえいいうる要素も存在している。この点も含め、以下、裁量の逸脱・濫用により本件使用不許可処分が違法であると考えざるをえない理由を述べる。

①処分理由の不明確性と集会の自由の誤った解釈適用

本件使用不許可処分にあたって提示された処分理由の理解は、実は容易ではない。被告が示した二つの不許可理由のうち、集会が耐震改修工事の進行に支障をきたすという不許可処分の理由については客観的な事実認定にまつとして（原告・被告双方の準備書面等の資料による限り、被告が主張する事実が認められるかについては大きな疑問があるように思われる）、「庁舎前広場内において、特定の個人、団体等の主義主張や意見等に関し賛否を表明することとなる集会を開催することは、金沢市庁舎等管理規則第五条第一二号に定める示威行為に該当すること」とする不許可処分の理由には重大な疑問がある。

これは、通常の集会が、他者の主義主張や意見等に関し賛否を表明するものになると、その集会は、一定場所にとどまる集会であっても「動く集会」たる示威行為になるとする理解を前提とする趣旨なのであろうか。また、明確な移動という形態をとる示威行為でも、それが他者の主義主張や意見等に関し賛否を表明するものではない場合には、「管理規則」の不許可要件たる示威行為に該当しないと考えているのかという点も疑問としてわいてくる。そして、そもそも、このような理由であれば、処分がなされる前の過程で金沢市の担当者からなされていた「管理要綱」の不許可要件たる「政治的な行為」（同要綱六条四号）に該当するという理由提示をしたほうが適合的であるようにも思えるが、これを本件使用不許可処分段階で、突然に「管理規則」の示威行為に差し替えた理由は何なのであろうか。

さらに、金沢市（被告）の理解に誤解があると思われる点を指摘しておく必要がある。憲法学においては、憲法二一条一項の保障する集会の自由には（集団的）示威行為も含めて考えるのが有力である。(7) しかし、このことは、一定の集団が行政財産の使用許可を申請した場合、その利用形態が集会と示威行為の、いずれの形態であるかによって、管理権者の許可権限行使にあたっての判断内容に差異が生じることを否定しないのである（集会と示威行為では、他者の権利との衝突・矛盾の程度が大きく異なる）。それゆえ、申請のあった集団による行動形態が集会か示威行為かの判断は、庁舎前広場の許可権限の行使についての裁量権が合理的に行使されるための決定的前提である。被告は、以上の二つの点（集会が示威行為に含まれるということと、両者は裁量統制では区分されるということ）を混同して、集会には示威行為を含むとの観点から、本件申請にかかる集会を示威行為ととらえて許可権限の行使をしたと主張しているのである。

以上のように、処分理由の使用する用語の不明確さと、裁量権行使の観点からの集会と示威行為の差異を完全に無視して本件使用不許可処分がなされているのであり、このことのみにおいても、金沢市長の裁量権の行使つき、その判断過程に合理性を欠く点があるといわざるをえず、裁量権の逸脱・濫用が認定されるべきものと考える。

②従来の運用基準との矛盾

庁舎前広場では、本件使用不許可処分がなされる前に、本件原告らが中心となった護憲集会のための使用が認められてきている。護憲集会には庁舎前広場の使用を認めてきたが、本件使用不許可処分の対象となった「軍事パレードの中止を求める集会」に対しては使用を認めなかった。

この対応の差異につき、金沢市（被告）側は、まず、「特定の個人、団体等の主義主張や意見等に関し賛否を表明することとなる集会行為」に庁舎前広場の使用が許可されたことはないと主張している。これによれば、庁舎前広場の管理権者は五月三日の憲法記念日に開催されてきた護憲集会が、以上のような賛否を表明する集会行為ではないと判断したことになる。しかし、護憲集会が他者の意見等に賛否を表明する集会ではないとする判断は、通常の経験則に反するものであり、対応の差異についての説得力ある主張とはなりえていないものと思われる。

そこで、金沢市（被告）側は、異議申立却下決定の段階で、「市の事務・事業又は市議会の決議を経た事項に関する行為その他これに準ずる行為」という性格を有する集会のみに庁舎前広場の使用を許可してきたとの主張で集会への対応の差異の根拠を補強し、これを踏まえてさらに金沢市（被告）は準備書面のなかで、護憲の精神は公務員の基本的姿勢であり、護憲を目的に掲げた集会は「市の事務・事業に準ずる集会」と判断して許可したと主張している。しかし、同じ「護憲」を目的とする主張であっても、その実際の内容は様々であり、時には内容的に対立する諸説が同様に「護憲」を主張している場合もあり、護憲集会においては他者の意見等に賛否を表明することが当然に想定されるものである。このようなことから、護憲集会であれば「市の事務・事業に準ずる集会」であるとの主張は容易に納得しがたい。この主張は、過去の集会の開催許可と本件使用不許可処分の矛盾を取り繕うための主張であると言わざるをえない。

庁舎前広場の使用許可申請に対する過去の集会と、本件使用不許可処分の対象である集会への取り扱いに差異をもうけた理由に関する被告側の複数の主張は、憲法が保障する集会の自由の意義からして、その最も重要な部分について同じ性格・内容を有する二つの集会を、あえて異なる性格・内容を有する集会であると主張するものであり、判断過程に不合理な点があるばかりか、社会通念に照らし著しく妥当性を欠くものと認められるものであり、本件不許可処分には裁量権の逸脱・濫用があるといわざるをえない。

③軍事パレードの中止を求める集会への行政的対応方法

若干、感想めくが、以下のこと申し述べておきたい。本件使用不許可処分の基礎には、金沢市長や市職員に、軍事パレード（自衛隊パレード）の中止を求める行動（集会）に賛同できないとの意識が存在していたことがうかがえる。防衛のみならず、とくに災害時等の自衛隊の役割を高く評価している自治体関係者がいる場合、その者たちが、このような「感情」を有すること自体は考えられるところである。

しかし、その感情を、行政的にどのように表現するかについては、慎重な考慮が必要である。本件の関連でいえば、上述の規制と給付の両側面を有する集会の自由の意義を十分に考慮したうえで、その感情の行政的表現（行動）が要請されるべきものであったように思われる。

金沢市長が自衛隊パレードを支持・後援し、軍事パレード（自衛隊パレード）の中止を求める集会には賛同し得ないという意向を、庁舎前広場の使用不許可という究極的な方法で表現・対応する前に、他の様々な媒体を使って意向を表明する（中止を求める集会の参加者の思想・表現の自由を制限しない範囲で）等のことも考えられたのではないか。

この関連で、ある自治体の対応を紹介したい。拉致問題や核ミサイル開発問題等により北朝鮮と日本の外交関係が緊張するなか、在日朝鮮人・韓国人で組織される舞踊団が、その公演会場としている市民会館の使用許可を取り消す自治体が次々と出てくるところとなった。この取り消しの違法性が争われた事件の一つが金剛山歌劇団事件であり、在日朝鮮人・韓国人で組織される金剛山歌劇団の公演のための市民会館の使用許可を仙台市が取り消したという事件である（本歌劇団は、この使用許可取消処分の取消訴訟を提起するとともに執行停止の申立てをおこない、裁判所は執行停止の申立てを容認した）(8)。この金剛山歌劇団は、仙台での公演の前年（二〇〇六年）に宮城県民会館でも公演を行ったが、そのさい宮城県は公演への「後援」をとりやめることとしたうえで、県民会館の使用許可自体を取り消す選択はしなかった。

自治体や自治体の長が、特定の意向や政策、政治判断等を行政活動として表現しようという場合、その方法を多様な手法のなかから、被告も主張する「護憲」の立場にたっての、具体的な人権への配慮のもとで選択することが求められる。本件庁舎前広場の使用不許可事件の関連でいえば、集会の自由の意義（特に「給付」という側面）(9)の再確認を基礎に、過去の庁舎前広場での集会のための使用許可の前例も踏まえながら、自衛隊パレードへの賛意とパレード中止を求める集会への反対という意向を、使用不許可処分以外の手法（たとえば、市長のパレードを支持する声明の発表等）で対応できないのかの検討がなされるべきであったように思われる。この点、集会のための使用許可の権限行使につき、考慮すべき点を十分に考慮しておらず、裁量の逸脱・濫用が存在するといわざるをえない。

④代替施設確保の困難性

前述の最高裁平成一八年二月七日判決が示した裁量統制の具体的基準としての「代替施設確保の困難性」にも言及をしておきたい。

極めて形式的に集会についての代替施設確保の困難性を考える場合、たとえば山奥の広場が代替可能施設と考えられることが許されることになれば、「代替施設確保の困難性」基準は、裁量統制基準としての存在意義がなくなることは明白である。

すでに紹介したところの最高裁大平成四年七月一日判決は、現代民主主義社会においての集会の意義は、「国民が様々な意見や情報等に接することにより自己の思想や人格を形成、発展させ、また、相互に意見や情報等を伝達、交流する場として必要」ということとともに、「対外的に意見を表明するための有効な手段である」という点にあるとしている。

ここにいう、集会が「対外的に意見を表明するための有効な手段」となるためには、集会の参加者以外の者に影響力を与えうるような場所での集会であることが求められることになる。周囲に聴衆がいない山奥での集会は、対外的に意見を表明するための有効な手段とはならないのである。そこで、特に参加者以外の周囲への影響力を有する集会を企図する集会主催者は、使用料が安く（あるいは無料）、一定の広さをもったオープン・スペースで、参加者以外の周囲の聴衆に集会のメッセージを届ける効果が大きく、マスコミ等も容易に取材できる形態の場所での集会を計画することになろう。そして、このような条件を充足する空間は、多くの場合、自治体の公園や広場ということになり、本件事案の金沢市庁舎前広場も、まさしく、そのような場所として最適の条件を有する空間である。

上記の集会の自由の意義からして、いわば「最も外部から注目を浴びる場所（空間、オープン・スペース）」での集会の開催が保障されることは、集会の自由の重要な構成要素である。しかし、このような場所は、他者にとっても最適な集会や憩い場所であろうから、当然に他者の権利・利益と衝突することも多くなり、その使用についての調整が必要となる。このような場所が行政財産である場合には、その調整基準が条例や行政規則（規則、要綱等）によって定められることになる。

集会の自由の趣旨からして、集会のための使用許可申請に対しては、可能な限り申請者の求める場所の使用が認められるべきものであり、条例や行政規則による調整基準（使用許可基準）も、可能な限り（場合によっては条件を附して）、申請者の求める場所の使用を許可する方向での解釈・運用がなされるべきことになる。

以上のような点からすれば、近くに代替施設としての公園があるとする金沢市（被告）の主張は、本件使用不許可処分の裁量統制基準たる「代替施設確保の困難性」の意味を形式的にしか理解しておらず、このことが裁量権限の適正な行使を妨げており、本件使用不許可処分には裁量の逸脱・濫用があると思われる。
⑤集会の時間
さらに、平成一八年の最高裁判決は、裁量濫用を判断するさいに総合考慮すべき具体的事実の一つとして、「許可申請に係る使用の日時」を挙げている。

本件申請にかかる集会は、すでに市役所の業務が終了しており、さらには庁舎前広場を訪れる市民や観光客の数も昼間よりは減っているであろう時間から開始され、短時間のうちに終了するものとなっていた。集会参加者以外の市民等に最大限のアピールできる集会にする趣旨であれば、集会は昼間に設定されるのが好ましいということになろうが、他の者との利用調整という配慮から、申請でなされた時間が選択されたものであろう。被告が本件使用不許可処分の理由としてあげる「庁舎等の管理上支障がある」との判断には、集会の予定時間の意味を考慮しておらず、ここには判断過程における合理性を欠く点が明瞭に存在しており、裁量権の逸脱・濫用が存在するといわざるをえない。

3　本件使用不許可処分の手続法的違法

申請に対する処分につき金沢市行政手続条例五条では、市長等は審査基準を定め（同条一項）、その審査基準については、「許認可等の性質に照らしてできる限り具体的なものとしなければならない」（同条二項）と定める。さらに、同条例九条は、申請書の求めに応じ、審査の進行状況等の情報提供に努めなければならないとしている。そして、同条例八条は、申請拒否処分をおこなうについての理由提示を義務付けている。

本件使用不許可処分にかかる行政過程には、金沢市行政手続条例の定めの意義・観点からして理解しがたい行政側の対応がみられる。

本件使用不許可処分については、その処分に至るまでの過程では、申請にかかる集会が「管理要綱」の定める不許可要件たる「政治的な行為」（同要綱六条四号）に該当するとの説明が市の担当者からなされていたという事実がある。この市側の説明は、金沢市行政手続条例九条の情報提供と位置付けることができよう。しかし、本件使用不許可処分の理由提示段階では、「政治的な行為」という文言は一切使用されず、突如、市側からの前記説明では言及されなかった「管理規則」が持ち出され、申請にかかる集会が同規則五条一二号の「示威行為」に該当するとともに、庁舎の耐震工事の足場確保等から、同条一四号の「庁舎管理者が庁舎等の管理上支障があると認める行為」に該当するとの理由が提示された。

このような本件使用不許可処分の審査基準が、「管理要綱」から「管理規則」に差し替えられた理由は不明であるが、「政治的な行為」という理由によることになれば、その「政治的」という用語の不明瞭さから、本件使用不許可処分の違法性・違憲性が強く主張されることを恐れたのかもしれない（ここで「差し替えた」という表現を使ったが、金沢市（被告）が管理要綱は管理規則に含まれるものであるとの主張をしていることからも、処分段階で処分理由の根拠基準が管理要綱から管規規則に差し替えられたと表現しうる行為がなされたものであると思われる）。さらには、庁舎前広場の使用が認められた過去の集会に、政治的な行為をおこなう集会と評価せざるをえないものがあり（たとえば護憲集会）、それとの矛盾を顕在化させないための差し替えであったとも考えられる。

さて、このような本件使用不許可処分に至る過程は、庁舎前広場の使用許可にかかる審査基準が、いずれの行政規則（規則、要綱）によるものかが平和センター等（原告）にとって不明であったことを意味するものであり、金沢市行政手続条例五条一項が求める状況が成立しているとはいえず、それゆえ、同時に、審査基準は「できる限り具体的なものとしなければならない」（同条二項）との要請が成立する前提が、そもそも欠けていたということができる。

さらに本件使用不許可処分の理由として提示された文面のみからは、管理要綱の不許可要件（「政治的な行為」）に該当するとの説明のみを受けていた平和センター等（原告）にとって、その意味を理解できなかったことは当然であろう。旅券発給申請拒否処分事件（最高裁昭和六〇年一月二二日判決・民集三九巻五号九八九頁）は、法的に求められる理由附記の趣旨と程度につき明確な基準を判示しており、これを一般的な内容で表現すれば次のようになる（この最判事案は旅券発給の拒否処分にかかわるものであるが、ここで述べられた理由附記の意義と程度に関する判示内容は、行政法領域全体について妥当するものと理解されている）。

理由附記制度は、拒否事由の有無についての判断の慎重と公正妥当を担保してその恣意を抑制するとともに、拒否の理由を申請者に知らせることによって、その不服申立てに便宜を与える趣旨に出たものというべきであり、このような理由附記制度の趣旨にかんがみれば、拒否通知書に付記すべき理由としては、いかなる事実関係に基づきいかなる法規を適用して拒否処分が拒否されたかを、申請者においてその記載自体から了知しうるものでなければならず、単に拒否処分の根拠規定を示すだけでは、それによって当該規定の適用の基礎となった事実関係をも当然知りうるような場合を別として、法の要求する理由附記として十分でないといわなければならない。

さらに、警視庁個人情報非開示決定事件（最高裁平成四年一二月一〇日判決・判例時報一四五三号一一六頁）では、非開示決定理由を東京都情報公開条例の該当条文のみを記載するのみという内容でおこなわれた東京都知事の非開示決定が、理由附記の不備で違法とされている。

本件使用不許可処分の理由提示（附記）においては、上記のように、「管理要綱」に示された基準が本件使用許可申請に適用される審査基準であるとの説明を受けていた平和センター等（原告）からすれば、それとは異なる「管理規則」を根拠とする処分理由を提示されても、その記載自体から拒否処分の理由を理解することは困難なことであったろう。しかも、集会開催のための使用許可申請をおこない、拒否処分に至る過程でも「集会」をめぐって議論がなされてきたにもかかわらず、その過程で一度も言及されることのなかった「示威行為」に該当するとする処分理由が本件使用不許可処分段階で提示されたとき、平和センター等（原告）の困惑には大きなものがあったろうと想像できる。もし金沢市（被告）が主張するように示威行為が集会に含まれるとしても、そのような説明は処分に至る過程で市側からなされたことはなく、もちろん、提示された理由中に示威行為が集会に含まれることを示す文章は存在しない（なお、示威行為が集会に含まれるとしても、前者の示威行為は後者の集会よりも狭い概念であるから、管理規則は集会の自由の意義を尊重して、集会一般を不許可の対象にするのでなく、集会の諸類型のなかでも特に示威行為は庁舎前広場の他の利用者等に与える影響が大きいことを考慮し、示威行為に限定して不許可事由としたものであると理解するのが通常であろう。集会の一部に含まれる示威行為を不許可事由としていることから、集会一般を不許可事由とする趣旨であるとの金沢市（被告）の主張は、あまりにも解釈として無理がある）。

以上、本件使用不許可処分は、金沢市行政手続条例に違反する違法なものであると考える。

4　結論

以上において述べてきた観点からして、本件使用不許処分は、その庁舎前広場の使用許可権限の行使に裁量権を認めるとしても、その判断過程に合理性を欠くところが多数存在し、それは社会通念に照らし著しく妥当性を欠くものと認められるものであり裁量権の逸脱・濫用により違法とされるべきものと考えられる。なお、以上で述べた本件使用不許可処分の違法性は、金沢市長が本件庁舎前広場の使用許可申請を認めるか否かを判断する上において、職務上通常尽くすべき注意義務を尽くすことなく漫然と拒否処分をしたと認めうるような事情のもとでなされたものであり、国家賠償法一条の違法性を構成するものである。

二　第一審金沢地裁判決の問題

第一審の金沢地裁判決は、原告らが本件使用不許可処分の違法性を導くための個別的主張をほぼすべて否定して、国家賠償請求を認めなかった。金沢地裁判決への批判は、この判決が示される前に同裁判所へ提出した意見書の概要を示した前述部分（一）でほぼ尽くされていると思われる。

判決が争点として整理するものは、①本件広場にパブリックフォーラム論の法理が適用されるか、②本件広場は「公の施設」に該当するか、③本件不許可処分に金沢市長の裁量権の濫用が認められるか、等である。(9)

本判決は、本件広場を「公の施設」に該当しないとする結論を根拠にパブリックフォーラム論の適用なしとしたうえで、(10)それでも前記の争点③につき市長の裁量権の濫用が認められれば、不許可は違法となるとする。金沢地裁判決には、支持し得ない多くの判示部分があるが、看過しえない重大な問題点は以下の裁量統制の判断部分にある。

金沢地裁判決は、本件使用不許可処分にいたる行政過程において、その不許可という最終処分に至るまで、金沢市の担当者は本件集会が「管理要綱」が不許可理由として規定する「政治的な行為」に該当するから不許可になると説明していたが、不許可処分の段階では突如、「管理規則」が絶対的不許可理由として規定する示威行為に該当するとの理由附記がなされている事実を認定している（この点の問題点については前述したところである）。そして、この示威活動の文言が不明確な点について金沢地裁は、これは（広場等を含む庁舎等における）示威行為動全般を絶対的不許可理由にする趣旨ではなく、市の事務又は事業の執行を妨げる示威行為のみが、この管理規則の禁止する示威行為であるとして、本件集会がここにいう示威行為の性格を有するとし、裁量権の濫用はないと結論づけた。

「本件集会は、自衛隊市中パレードという賛否両論のあり得る行為について、反対の立場を表明するものであるところ、本件集会が本件広場において開催された場合、被告が自衛隊市中パレードに反対するという原告らの立場に賛同し、協力しているかのような外観を呈することとなり、地方公共団体である被告の中立性に疑念を抱かれる可能性がある。被告が自衛隊市中パレードに反対するという立場をとったと捉えた第三者において、被告に対する抗議行動や抗議の申入れを行い、あるいは被告の行事等に協力しないとの立場をとることも予想されるところである。そうすると、本件広場で本件集会が開催された場合、その当日やその前後のみならず、将来にわたって、被告の事務又は事業の執行が妨げられるおそれがあるといわなければならず、その弊害は決して小さいものとはいえない。」

以上の判示内容は、なんらの説得力を持つものではないことは前述したところであるが、この金沢地裁判決が示した程度の理由で行政財産の目的外使用拒否処分が正当化されることになれば（しかも金沢地裁判決は公共用物と公共物の相対化を基本的に認めない）、自治体の長の意向に反する庁舎内やそれに付属した広場等の空間での表現活動は、極めて恣意的に極度に制限されることになる。近時の公共施設空間からの言論活動排除の事件の続発[11]を前にする限り、行政法学の視点からは、公共用物と公用物の相対化の理論の確かな構築、さらに、その区分を前提とするにしても、特に公用物の目的外使用許可にかかわる裁量権濫用統制につき最高裁が示している統制枠組みの自治体現場での遵守・尊重が要請されているところである。

注

（1）第一審判決の判例評釈として、平地秀哉「市役所前広場における集会の自由」（新・判例解説Watch二〇号・二〇一七年）三一頁以下がある。また、榊原秀則「金沢市庁舎前広場申請不許可処分の違法性」（南山法学四〇巻二号・二〇一七年、二七一頁以下）は、本件事案のつき名古屋高裁金沢支部に提出された意見書であるが、原審の金沢地裁判決への有益な批判的見解が披瀝されている。

（2）控訴審判決の判例批評として、辻雄一郎・判例評論（判例時報二三五九号・二〇一八年）一四八頁以下がある。

（3）現在の行政法学においては、公共用物と公用物の区分を「相対化」する主張が有力になりつつあるが（たとえば、宇賀克也『行政法概説Ⅲ（第四版）』二〇一五年、五一六頁以下）、行政財産の目的内使用と目的外使用の区分についても「相対化」の主張が有力に主張されている（たとえば、塩野宏『行政法Ⅲ（第四版）』二〇一二年、三九九頁）。この相対化の議論の行政法学的評価については、榊原・前掲(1)二七五頁以下も参照。

（4）本決定は、行政財産の区分論の「相対化」の議論にとって重要な素材を提供するものである。

（5）兼子一「批評」（季刊労働法五号、一九五二年）一〇五頁。

（6）この最高裁判決については多くの判例評釈が公表されており、高い評価が与えられている。

（7）芦辺信喜（高橋和之補訂）『憲法（第四版）』（二〇一〇年）一九九頁、戸波江二『憲法（新版）』（一九九八年）二六一頁等参照。

（8）仙台高裁平成一九年八月七日決定・判例タイムズ一二五六号一〇七頁。

（9）金沢地裁判決についての行政法的観点からの検討については、榊原・前掲注（1）が最も的確な構造と問題点の分析をおこなっている。

（10）平地・前掲注（1）三四頁は、吉祥寺駅事件最高裁判決（最高裁昭和五九年一二月一八日・刑集三八―一二―三〇二六）において伊藤正己裁判官尾が補足意見で示したパブリックフォーラム論の枠組みから本件金沢市庁舎前広場の使用不許可事件を評価するならば、本件拒否処分は表現の自由の侵害という評価に傾くことになろうと指摘する。パブリックフォーラム論を支持する考え方やその判断枠組みの評価については様々な見解が存在するが、補足意見で示された伊藤裁判官の枠組みは極めて「抑制的」に設定されているようであり、日本での公共施設と表現の自由をめぐってパブリックフォーラム論に依拠する場合には、日本での判例の動向を見る限り、伊藤裁判官の示したような抑制的な判断枠組みが重視されなければならないように思われる。

(11) 近時の公共施設（公共用物・公用物）の言論活動排除の例として、県立公園の朝鮮人追悼碑の設置期間の更新拒否（群馬県・二〇一四年七月）、東京都美術館からの政治的・宗教的活動とされる作品の撤去（二〇一五年～）、駅前広場の組合の催しを中止させるための使用許可の取消し（姫路市・二〇一五年七月）、川内原発再稼働反対集会のための海岸使用の不許可（鹿児島・二〇一五年八月）、憲法学者が講師として参加する集会チラシの市施設での掲示を拒否（室蘭市・二〇一六年三月）などがある。

（すとう　しげゆき・行政法）

※金沢市は、本件事件の第二審判決後に金沢市庁舎等管理規則を改正している。本稿で指摘した同規則の運用に関する問題への対応として改正がなされたものであるが、この規則改正で問題が解消されたとは考えられない。この改正の問題点につき、拙稿「公物訴訟判決後の条例等の改正の法的問題」（早稲田法学九四巻四号に掲載予定）においで検討をおこなった。

2　一八歳選挙権と主権者教育

小玉重夫
（東京大学）

一　一八歳選挙権の成立と教育の再政治化

1　教育基本法第一四条

一八歳選挙権の問題を考える根本として教育基本法第一四条に我が国の政治教育、主権者教育の大元になっている条文がある。

教育基本法　第一四条
良識ある公民として必要な政治的教養は、教育上尊重されなければならない。
2　法律に定める学校は、特定の政党を支持し、又はこれに反対するための政治教育その他政治的活動をしてはならない。

一項は政治的教養の尊重、二項は政治的中立性の要請、以上の二つの項目から成っている。文部科学省の英訳では、ここでの政治的教養はPolitical Literacyとなっている。同時に、政治教育を行うときに必ずふまえねばならないのは、政治的中立性が要請されることである。したがって第一四条の一項と二項は、政治教育を行うためには政治的中立性が要請されるという関係にある。

ところが戦後の日本の学校教育や政治の歴史の中では、二項がひとり歩きして、一項が必ずしも十分に実質化してこなかった。政治的中立性＝政治教育を行わないという誤解が広がってきた歴史があった。

2　一九六九年通達

そうした考え方の一つの極致が、一九六九年（昭和四四）に当時の文部省が初等中等教育長の名前で出した「高等学校における政治的教養と政治的活動について」（文初高第四八三号、以下一九六九年通達）という通達である。ちょうどこの一九六九年は、オイルショックの直前、大阪万博の前年で、全国の大学・高等学校で政治的な闘争・紛争が盛り上がっていた。高校生・大学生の政治的な意識も非常に高揚を見せたが、学生の運動が一部過激化し、暴力や器物損壊等々、教育活動の妨害という問題が大きく取りざたされた時代である。それを受け文部省は、高等学校において生徒は未成年者なので、「未成年者が政治的行動を行うことを期待していない」と明言した通達を出した。この通達によって、高校生は政治的活動が禁止されることになっていく。もちろん教育基本法第一四条にある政治的教養の尊重は一応この通達でも確認されているが、政治的教養の尊重と政治的活動を峻別して、後者の政治的活動については期待していないから行わないようにということが非常にはっきりと謳われた。あたかもアルコールやタバコと同じく、政治は二〇禁という時代に突入していった。戦後から高度成長期、いわゆる昭和の時代のひとつのマイナスの側面として、一九六九年通達により、教育基本法第一四条の趣旨が十分生かされないまま、学校教育から政治が排除されていった。

その一つの結果を示すものとして、衆議院総選挙の投票率がある。国民全体でも投票率は下がっているが、特に二〇代の投票率が非常に低落している。一九六九年通達が出される前の一九六七年（昭和四二）第三一回総選挙、いわゆる団塊の世代、大学紛争世代が二〇代だったころは、二〇代の投票率は六六・六九％と決して低くはなく、七〇歳以上より一〇ポイント高い投票率であった。それがどんどん落ちていき、特に若い世代の政治的な無関心が、非常に大きな傾向として表れるようになっていく。

3　常時啓発事業のあり方等研究会

そうした状況や、社会、政治状況の変化も受けて、二〇一一年四月に、総務省と明推協を中心として、若い世代の政治的な無関心の傾向にどう対処するかについての研究会「常時啓発事業のあり方等研究会」がつくられた。明推協の会長で、東京大学の佐々木毅元総長が座長となり、筆者も委員として参加した。そして研究会の最終報告書として、これからは学校教育において主権者教育をより積極的に進めなければならないという提言を出した（「社会に参加し、自ら考え、自ら判断する主権者を目指して～新たなステージ「主権者教育」へ～」二〇一一年一二月）。

その中では新しい主権者像を表すキーワードを二つ書いている。一つは「社会参加の促進」、それからもう一つは「政治的リテラシーの向上」、この二つを明確に掲げて、学校教育において実行することが必要であり、最後に「最終的には、次期学習指導要領で政治教育をさらに充実させ、学校教育のカリキュラムにしっかりと政治教育を位置づけることが必要」だとした。この最後の部分については、その後、そういう方向での学習指導要領の改定が進み、高等学校に主権者教育を中身とする新しい必修科目「公共」をつくることが決定され、主権者教育そのものについても、一八歳選挙権の実現を受けて副教材『私たちが拓く日本の未来』が刊行され、学校教育において推進されている。

4　政治的リテラシーとは何か

この答申はその後の総務省や文部科学省の政策を方向づける非常に大きなターニングポイントになった。そこで言われている「政治的リテラシー」が非常に重要で、基本的には教育基本法第一四条の「政治的教養」という言葉と重なると考えていいと思うが、元々はイギリスの政治学者バーナード・クリック（Bernard Crick, 1929–2008）が、イギリスのシティズンシップ教育への政策提言である「クリック・レポート」の中で強く位置づけている概念である。そもそも政治とは、物事が対立していたり、異なる価値観が存在したりしていることをその本質にしているとクリックはとらえる。考え方の違う人間がいて、考え方の違う人間同士が対立している。しかしその対立している人間同士が、一緒にこの世の中にいるということが、この社会の中で政治が存在していることの本質であるということである。クリックは政治がある社会とない社会を区別し、政治のない社会とは全体主義の社会だと言う。例えば一党独裁の国というのは、物事が対立していたり、異なる価値観が存在したりしていることを公には認めない国である。そうした国では政治が存在しないことになるので、いかにして政治というものをこの社会の中に存在させていくかが、それ自体として非常に重要だというわけである。したがって市民にとってのリテラシー、教養とは何かというと、何が対立しているのかを理解する力である。論争的な問題における争点を理解することが政治的リテラシーの核心だと、クリックは強く提起している。

5　二〇一五年通知

したがって、論争的な問題を取り扱った教育が主権者教育においては非常に重要になってくる。選挙権年齢が一八歳以上に引き下げられた日本でも、前述の常時啓発事業のあり方等研究会の提案なども受け、主権者教育が意識されるようになってきた。これを受け、一九六九年通達が廃止され、文部科学省は新しく二〇一五年通知（「高等学校等における政治的教養の教育と高等学校等の生徒による政治的活動等について（通知）」二七文科初第九三三号、平成二七年一〇月二九日）を出した。

この通知の重要な点は、一九六九年通達の「未成年者が政治的行動を行うことを期待していない」が、「高等学校等の生徒が、国家・社会の形成に主体的に参画していくことがより一層期待される」と改められたところである。つまり、一八歳以上に選挙権年齢が引き下げられたことを受けて、高校生は自身が我が国の将来を担っていく世代として、今後は社会や国家の形成に主体的に参画していくことが期待されるという言い方に変わったのである。したがって政治活動そのものは禁止されないということになる。

いろいろな留保条件はあるが、通知そのものの根本にある精神が変わったことは非常に重要である。そもそも政治とは未来の世代がこの国のあり方について考えることが大前提として要請される事柄であるから、まもなく主権者となる、あるいは既に主権者である高校生たちが積極的に国家や社会の形成に参画することは、むしろ期待されるという前提に立つ必要があるということが、二〇一五年通知の基本的な精神であると理解しなければならない（詳しくは小玉　二〇一六を参照のこと）。

6　政治教育について

二〇一五年通知には、先述のバーナード・クリックの考え方がかなり反映されている。それはたとえば、「具体的な政治的事象」の取り扱いにかんする一九六九年通達からの記述の変化に端的に示されている。具体的な政治的事象とは、今まさに現実の社会で問題になっている事象、例えば今の日本でいえば、北朝鮮との関係、安全保障、エネルギー、税制などがあげられよう。一九六九年通達ではそうした問題について、一般成人と異なり参政権が制限されている若者の教育を行う上では取扱注意であるので、十分配慮する必要があると書かれていた。おそらく一九六九年通達当時の具体的な政治的事象として意識されたのは、ベトナム戦争の激化とそれに伴い盛り上がった反戦運動というようなことだったと思われる。しかし二〇一五年通知では、そうした問題はむしろ積極的に扱うことが重要だとされている。

7　憲法制定権力の再構築という課題

以上のような政治教育の再導入は、日本において形骸化してきた憲法制定権力を再構築するという論点をうちに含んでいる。それはどういうことか。この点を以下で確認しておきたい。

日本で一八歳選挙権が実現する直接的な要因となったのは、憲法改正の国民投票法が国民投票年齢を一八歳以上に定めたという点にあった。つまりこれは改憲の動きと連動しているという側面がある。しかし同時にそのことの持つ意味は、政権与党の思想やイデオロギーのみに帰することのできない広がりを含んでいることをも、同時に見ておく必要がある。つまり、戦後七〇年を経た日本社会の構造転換が大人と子どもの境界を二〇歳から一八歳に引き下げるという問題とリンクしながら、戦後民主主義の再定義、バージョンアップを要請しているという点である。

そもそも憲法には、二つの側面がある。一つは、いわゆる立憲主義と呼ぶ場合の私たちの憲法の捉え方であり、権力者や政府の恣意的な行動を制限するために憲法というのは存在するという捉え方である。他方で、政治学や教育政治学の観点から見れば、憲法にはもう一つの側面があって、権力を樹立し政府を創設するという側面である。それは、コンスティテューション（constitution）という憲法を意味する英語の動詞形がコンスティテュート（constitute 構成する、創設する）であるということに現われている。コンスティテュート（創設）するからコンスティテューション（憲法）があるわけで、コンスティテュートするのが誰なのか、という問題である。それは当然人民であり、国民であり、市民であるわけだが、この憲法制定権力の担い手である市民をどう位置付けていくのかという問題が、憲法をめぐるもう一つの問題としてである。

戦後日本における政治教育の形骸化は、この憲法制定権力の空洞化と連動していたのではないか。つまり、日本の民主主義における立憲主義のベースになる憲法制定権力の立論が戦後七〇年の歴史の中で空洞化してきたという問題と、教育基本法の第一四条第一項が空洞化してきたこととは、実は連動していたのではないか。そしてこの空洞化していた憲法制定権力をどのように位置づけ直すかがあらためて問われている、そういう大きな流れの中で一八歳選挙権の動きが出てきているのではないか。憲法体制を担っていく市民をどう作っていくのかという問題とリンクした形で一八歳選挙権の問題が出てきていることを見逃してはならない。

シティズンシップ教育を政治的な市民を育てるための教育として正面から位置づけていこう、という議論が政策サイドからも提起されるようになる背景にあるのも、そうした事情であると考えられる。

二　学力のポスト戦後体制

高度成長期、戦後史の中で政治教育が形骸化していた時代と今との違いをもう少し考えていくと、「虚構性の変容」ということにつながる。つまり一八歳選挙権の成立で、学校の外にあった政治というものが、学校の中に入り込んで来つつあるということである。これは高度成長期の時代には想定されていなかった。学校とは基本的に、まだ大人になっていない人たちのための場所なので、そこで社会や政治の現実を教えることが必ずしも重要とされていなかった。言い換えると、子どもを大人にするということは学校には期待されていなかった。高度成長期の社会は、学校を卒業してから初めて大人になるということを前提にしていた。終身雇用の原則の下、就職、結婚といった社会の通過儀礼を経た後で人間は大人扱いされて大人になっていく。そこで初めて大人としてのいろいろなことを身につけていけばいいのであって、学生時代は社会には触れずにまず勉強しましょうという時代だった。「虚構の場」である学校の中で具体的な大人の社会のことを行うことは求められていなかった。

虚構というのは学力評価においても言うことができる。数学で九〇点を取った、大学入試センター試験で七〇%の成績を取ったと評価されることは、点を取ったこと自体が評価されているだけで、それによりその人の何がどうなったのかは全く評価されていない。センター試験で国語・英語・理科・数学・社会の五教科トータルの点数が、例えば九〇〇点満点中の六〇〇点の人と七〇〇点の人がいたとすると、それはただ六〇〇点と七〇〇点の違いとして評価される。ある人は数学が一〇〇点で英語が三〇点かもしれないし、またある人は数学が三〇点で英語が一〇〇点かもしれない。しかし内訳は関係なく点数で評価されるわけである。この点数主義が極まっていくのが高度成長期の社会なのである。人間の能力のシグナルとして点数があり、ある人のシグナルは六〇〇点だし、ある人は七〇〇点、そのシグナルから人間の潜在能力が評価され、学歴と結びついて就職のときに意味を持つという形で、学校と社会はつながっていた。ではその人が具体的に実社会でどういう人間になり、何ができるようになっていくのか。それは会社に入ってから身につければいい。それが終身雇用、年功序列型の日本のメインストリームの社会構造だった。これによって日本は高度成長期という一定の成功を見せたが、負の側面として、学校から政治的・社会的な事柄を扱うことが排除される時代がずっと続いてきた。こうした生の政治・社会と切り離され、脱文脈化された学力を「虚構としての学力」と呼ぶことができる。このように、高度成長期の日本は、学校での学習成果としての学力が選抜システムにおけるシグナルとして機能してきた社会であった。これを学力の戦後体制と呼びたい（小玉　二〇一三）。

この体制に変化の兆しが出てきたのは一九九〇年代、ちょうど東西冷戦が終わり、政治状況も大きく変わっていった時代である。日本でいわゆる五五年体制と呼ばれる政治体制が変わったのも一九九〇年代だが、学校教育ではゆとり教育が政策として導入されるなど、政治の方でも教育の方でも、高度成長期型の構造を変えていこうという動きが出てくる。こういう時代になると学校の側も、単なるシグナル、虚構としての学力ではなく、社会に対してより現実的なものを生み出すことが期待されるようになってくる。

子どもを大人にしないことが積極的に求められていた高度成長期型の学校が、子どもを市民にすることを求められるようになってきている。一八歳選挙権、つまり高校三年生の段階で市民を送り出すということは、まさにその延長線上にあることなのである。それは一九九〇年代から二〇〇〇年代にかけての学校と社会のあり方の非常に重要な変化と密接に関係している。最近の言葉でいうとアクティブラーニングなどはまさにそこと関係しているし、現在話題になっているセンター試験の廃止も、理念上はこうした動きの中に位置づけられている。一八歳選挙権の成立と、アクティブラーニング等の推奨、センター試験の廃止。これら三者が一体のものとして動いている点が重要なポイントである。これを学力のポスト戦後体制と呼ぶこととしたい。

三　カリキュラム・イノベーション

このような学力のポスト戦後体制を画するカリキュラムの構造転換をわれわれの共同研究では、カリキュラム・イノベーションとして位置づけた（小玉　二〇一五）。

カリキュラム・イノベーションには三つの側面がある。

一つ目は、誰がカリキュラムを決めるのかという問題である。従来は、国とアカデミズムであった。これらは今後も重要なカリキュラムの決定主体になるだろう。しかし同時に、カリキュラム・マネジメントということばに見られるように、地域や学校という、より教育現場に近いところでカリキュラムの決定を行うようなシステムが重要視される。

二つ目は、どのようにして教えるのかという問題である。従来のカリキュラム論においては、学習者は、あらかじめ自立的に存在することを前提としてきた。しかし、アクティブラーニングを通じ自立的な学習者の育成自体を課題にする中で、従来の教科学習のカリキュラムの構造そのものを組み替えていくことが必要ではないかという課題が浮上する。

三つ目は、何を教えるかという問題である。前述のように、学力の戦後体制においては、教科で学ばれる学習が、ともすれば個人の能力のシグナルとしての意味を非常に強く持ってきたのに対して、学力のポスト戦後体制においては、社会や政治とのつながりを実質的に有する学力の社会的意義（レリバンス）の側面が重視されるようになる。

以上の述べた三つの側面、すなわち、教育現場に近いところでカリキュラムの決定、自立的な学習者の育成、社会的意義（レリバンス）を有する学力という側面は、日本のみならず、ＯＥＣＤを含む、二一世紀の世界のカリキュラム改革の動向とも軌を一にするものである。たとえばガート・ビースタらは、近年のカリキュラム改革の動向を、カリキュラムの決定における教師の主導性、構成主義的学習理論にもとづく学習者中心のアプローチ、内容ではなく結果を重視したカリキュラムの形成の三点に求めているが（Biesta,G., Priestley,M. 2013：229-230）、これはまさしくここでの三つの側面と重なるものである（詳細は、小玉　二〇一七を参照されたい）。

四　主権者教育と学力の市民化

このようなカリキュラムの政治的・社会的レリバンスを追究していくうえで、特に重要となるのは、どのような資質・能力を市民性（シティズンシップ）のコアにおくかという点である。公教育においてそれは、学力の市民化として概念化されうるものになるのではないだろうか。たとえば、医者にならなくても医療問題を考えること、大工にならなくても建築問題を考えること、プロのサッカー選手にならなくてもサッカーについて考え批評すること、そして官僚にならなくても行政について考え批評すること。つまり、職業と結びついた専門的知識や技能を、市民化された批評的知識へと組みかえていくこと、ここに学力の市民化のポイントがある（小玉　二〇一三）。バーナード・クリックらのいう論争的問題を中心に据えた政治的リテラシーの教育がその一環をなす。そうした意味において、アマチュアリズムと政治参加を学力のコアにおくことを、カリキュラムの政治的・社会的レリバンスの一つとして提案したい。それが、一八歳選挙権の時代において教育の再政治化と向き合うカリキュラムにつながると考える。

付記：本稿は、二〇一六年度日本地方自治学会研究会（南山大学・名古屋キャンパス、第二日目、二〇一六年一一月二〇日）において筆者が行った口頭報告と小玉（二〇一六）の内容をもとに、その後の展開をふまえて加筆修正を行ったものである。詳しくは小玉（二〇一六）も参照されたい。

（こだま　しげお・教育学）

参考文献

Biesta,G., Priestley,M. 2013 “A Curriculum for the Twenty-First Century?”, in Priestley,M. and Biesta,G. (eds), *Reinventing the Curriculum*, Bloomsbury

小玉重夫　二〇一三『学力幻想』ちくま新書

小玉重夫　二〇一五「なぜカリキュラム・イノベーションか」東京大学教育学部カリキュラム・イノベーション研究会編『カリキュラム・イノベーション—新しい学びの創造へ向けて』東京大学出版会

小玉重夫　二〇一六『教育政治学を拓く—一八歳選挙権の時代を見すえて』勁草書房

小玉重夫　二〇一七「民主的市民の育成と教育カリキュラム」秋田喜代美編『岩波講座・教育　変革への展望5　学びとカリキュラム』岩波書店

3　自治体行政と人権保障
――ヘイトスピーチ規制を素材として＊――

東　川　浩　二
（金沢大学）

一　はじめに

本稿は、近年我が国で大きな問題として取り上げられるようになってきたヘイトスピーチ規制の問題を、アメリカ法の観点から、その規制のあり方について検討を加えようとするものである。

1　ヘイトスピーチとは何か(1)

ヘイトスピーチについては、複数の論者がその定義を試みているが、その最大公約数をまとめるとするならば、人種・国籍・宗教・性別・性的指向などを理由に、個人、または集団に対して向けられる、憎悪・偏見・その他の差別的言動ということになろう。人種的憎悪に基づく犯罪についてはヘイトクライムという別の用語があり、ヘイトスピーチとは区別される。アメリカ法においては、一般に、ヘイトクライムは行為であるから処罰できるが、ヘイトスピーチは言論なので処罰（または規制）できない（のではないか）と考えられてきた(2)。アメリカ法のこのような考え方は、比較法的には例外に属するものであり、欧米各国では、ヘイトスピーチは規制されてきた。[3]それにもかかわらず、アメリカ法が、ヘイトスピーチ規制に極めて消極的であったことは、特定の内容を持った言論を規制することの難しさをよく示しており、その規制の根拠や正当性について、これまで相当数の判例や研究が蓄積されてきた[4]。

2　日本におけるヘイトスピーチ

我が国におけるヘイトスピーチの問題を振り返ってみると、この問題が意識されるようになったのは、ごく最近のことと言って良い。我が国では、過去に、主として部落差別を対象として、差別的言論を規制できるかということが議論されたことがあった[5]。しかし、当時、ヘイトスピーチという語は使われず、その問題は、憲法学者や社会学者、ジャーナリスト等によって、海外の状況を参照するにあたって使われるに過ぎなかった[6]。

状況が大きく変わったのは、在日特権を許さない市民の会（以下、在特会とする）が二〇〇七年に組織され、特に二〇一二年から一三年にかけて活動を活発化させたことによる[7]。この頃在特会は、大規模で、かつ攻撃的なデモ行進を大都市で行い[8]、その様子が新聞各紙に取り上げられるようになった[9]。二〇一三年一〇月には、京都第一朝鮮学校が、名誉毀損と威力業務妨害を理由に在特会を訴えていた民事訴訟（以下、在特会事件とする）について、京都地裁が学校側の訴えをほぼ全面的に認めた[10]。この地裁判決をきっかけとして報道の量も増え始め、同年の年末には、ヘイトスピーチが二〇一三年度流行語の一つに選出されるに至った。翌年七月には、朝鮮学校による民事訴訟が、大阪高裁で再び在特会敗訴となり[11]、一二月に最高裁で確定した[12]。この在特会事件は、ヘイトスピーチを理由として損害賠償を認めた最初の民事事件であり[13]、本件を契機として、ヘイトスピーチについて議論する学術論文や文献も多く発表されるようになった[14]。

このように、二〇一三年から一四年にかけて、ヘイトスピーチは、急速に、我が国の憂慮すべき社会問題として認知されるようになった。もっとも、ヘイトスピーチという語が人口に膾炙していくにつれて、その定義は徐々に曖昧になり議論も拡散した。中には政治家を呼び捨てにすることも含めるようなものも見られた[15]。

3　法規制の動き

ヘイトスピーチについては、大阪高裁判決以降、政治家による懸念表明が相次いだことに加え[16]、報道機関による世論調査でも、規制に好意的な結果が出されるようになった[17]。国レベルでのヘイトスピーチ規制法の議論が進まない中で[18]、いち早く具体的な動きを見せたのは大阪市である。大阪市は、二〇一四年九月の段階で条例制定に積極的な態度を示していたが、二〇一五年二月二五日には国に先駆けて「ヘイトスピーチに対する大阪市としてとるべき方策について」という答申を発表した[19]。この答申を経て、翌年一月には、大阪市が、全国の自治体で初めて、ヘイトスピーチに関する条例として「大阪市ヘイトスピーチへの対処に関する条例」（以下、大阪市ヘイトスピーチ条例）を成立させた[20]。

大阪市が条例を成立させると、国レベルでの議論が急速に進み、大阪市の条例制定からわずか三ヶ月の二〇一六年四月八日には、政府与党によるヘイトスピーチ規制法案が提出され、五月二四日には「本邦外出身者に対する不当な差別的言動の解消に向けた取組の推進に関する法律」（以下、ヘイトスピーチ解消法）が成立した。

二　大阪市ヘイトスピーチ条例

1　条例のインパクト

大阪市ヘイトスピーチ条例は、二〇一六年一月一五日に可決、二八日公布・一部施行、同年七月一日に全面施行された。人種差別撤廃のための基本的な立場を表明する条例はこれまでいくつか見られたものの、差別的表現、特にヘイトスピーチに狙いを定めた条例としては、大阪市のものが我が国で最初である。[21] この条例によって、ヘイトスピーチに初めて法的定義が与えられたこと、そのような条例が、二〇一四年九月の問題提起から一年半を経過しないうちに制定に至ったという迅速さも特筆されるべきであろう。これは、大阪市には、東京の新大久保と並んで、在日朝鮮人が多く居住する鶴橋地区があるため、ヘイトスピーチ規制の必要性が大きかったことや、橋下徹市長（当時）のリーダーシップに寄るところが大きいと思われる。

2　ヘイトスピーチ解消法への影響

これまで困難とされてきた、差別的表現禁止立法が成功したことは、我が国におけるヘイトスピーチ規制を進めていく上で大きな意味を持ったと言える。ヘイトスピーチが行われるプラットフォームとしてしばしば指摘されてきたTwitterを運営するTwitter社は、大阪市ヘイトスピーチ条例の全面施行を機に、同社の提供するサービスにおけるヘイトスピーチを禁止すると発表した。[22] また、自治体レベルで条例が成立したにもかかわらず、国レベルでの規制が進まないことで、差別対策に消極的であるという誹りを受けかねないこともあって、[23] この条例は、国のヘイトスピーチ解消法の成立を相当程度後押ししたと言える[24]。

3　条例の内容についての若干の考察

大阪市ヘイトスピーチ条例は、その目的を「市民等の人権を擁護するとともにヘイトスピーチの抑止を図ること[25]」とする。また、条例は、国の人権侵害救済制度を補完するものであり、ヘイトスピーチが行われた際の「事後的な救済[26]」が主眼となっているところに特徴がある。

規制対象となるヘイトスピーチについては「人種若しくは民族に係る特定の属性を有する個人又は当該個人により構成される集団（以下「特定人等」という。）を社会から排除すること[27]」等を目的として、「特定人等を相当程度侮蔑し又は誹謗中傷する[28]」ような態様で、「不特定多数の者が表現の内容を知り得る[29]」場所で行われるもの等というように定義している。定義の中に「社会からの排除」という文言を含めていることから、本来、言論の自由、とりわけヘイトスピーチの問題と隣接する、攻撃的ではあるが、それでもなお政治的言論と言い得る表現を保護する（はずの）憲法との関係を、条例制定者がかなり意識したことが伺える[30]。なお、この定義には、宗教的マイノリティ、性的マイノリティなど、その他の社会的弱者が含まれていないが[31]、これは、喫緊の課題として人種・民族を定義に含めたということであり、将来的に、ヘイトスピーチ問題の推移に応じてこの定義が拡大される可能性は残されているようである[32]。

一方、大阪市ヘイトスピーチ条例は、その対処の方法を、審査会による助言を得た上で[33]、ヘイトスピーチを行ったと認定された者の氏名を公表するに留めている[34]。条例ではヘイトスピーチは禁止されず、また、処罰の対象でもない。条例にしろ、法律にしろ、特定の内容を持った言論を対象とする内容規制の場合、そのような規制法が言論の自由を保護する憲法二一条にかかる違憲審査に適合することは、少なくとも学説上は、[35]極めて困難である。こうしたこともあって、大阪市ヘイトスピーチ条例は、条例を国の人権侵害救済制度を補完するものと位置付けている。[36]このこともまた、条例による規制が言論の自由の保障に抵触しないようにとの配慮と見ることができよう。[37]

三　アメリカ法の考え方―自治体に何が可能か

ここまで見たような、ヘイトスピーチの問題と、それに対する条例制定と国レベルでの法律の成立という経緯は、アメリカ法の観点からどのように評価できるだろうか。以下では、アメリカにおける州と連邦、また州法と連邦法の性格を検討する。

1　州＝都道府県？

アメリカの州は、アメリカの首都であるワシントンD.C.との対比において、また州の行政職のトップを知事（governor）と呼ぶことからも、我が国における都道府県に相当するものと考えられがちである。しかしながら、アメリカにおける州と我が国の都道府県では、その成立の経緯が異なる上、そもそも、それぞれの州が憲法を持っていることから見て、[38]州と都道府県は本質的に異なるものと考えるのが妥当である。

また、州の立法権の性質について言えば、そもそも州は主権を備えた完全な統治体である。したがって州法の性格について、我が国で言うような、条例制定権に関する、固有権説や承認説、制度的保障説といった議論をする必要はない。[39]州が、その州内の事柄につき、州の行政権（police power）を持つこと、州が州の主権の行使としてその州の実情に応じた立法を行うことは、アメリカ法においては当然の前提となる[40]。

2　州法と連邦法―立法権の根拠の違い

次に、我が国の国会にあたる合衆国議会と、合衆国議会が作成する連邦法の性格について検討する[41]。それぞれの州の代表から構成される合衆国議会は、全米的に適用される連邦法を制定するが、その立法権の行使が適切であると言えるためには、合衆国憲法がその問題を扱うことを予定している必要がある。より具体的には、合衆国議会の立法権は、合衆国憲法第一編八節において規定されており、そこには一七の項目と、それらの一七の立法権、及び、その他憲法が予定している権限を実行するのに「必要かつ適切な（necessary and proper）」立法を行う権限の、合計一八の立法権が列挙されている。これら一七の立法権はおおよそ、合衆国政府の主権の行使のあり方を定めたもの[42]、戦争・軍備に関するもの[43]、経済的一体性を高めるためのもの[44]、に大別される。その要諦は、全米的に統一された基準にしたがって処理されるべき事柄ということである。

これに対して州の立法権は、合衆国議会に専属的立法権限（exclusive legislative power）が認められている事項に該当するか[45]、後述する専占法理によって州の立法が禁止、ないし無効とされない限り、無制限である[46]。人権保障のための各種立法の場合でも事情は同じである。地理的により限定された州の場合、問題の共有が比較的容易であり、州憲法が定める州の立法権の範囲内で、比較的自由に立法を行うことができる。加えて、州では、多くの場合、住民が州憲法や州法の改正などに関与するレファレンダムなどの制度が準備されており、住民の意思を直接的に政治に反映させることが可能になっている。

このような、地理的な限定性や、直接民主主義を実現する方法を備えていることは、我が国の自治体の条例制定権について、自治体は地域の事情により通じており、またそれゆえに人権保障施策の必要性を判断しやすいと説明されることと相通じるものがある。

3　州法の限界

一方で、連邦法による解決が困難な問題でも、州法であれば容易に解決できると考えるのは誤りである。それは、我が国の自治体の条例制定権が、常に法律の範囲内という制限を受けることと同じである(47)。大前提として、州法といえども、合衆国憲法と当該州の州憲法による制限を受ける。特に合衆国憲法第一四修正は、「州が」適正手続や平等保護に反する立法を行うことを禁じており、かつ同修正によって、言論の自由など合衆国憲法が保障する各種の人権が州においても保障される(48)。

また、州の立法権の範囲が、専属的立法権限の例外を除けば、原則無制限であるということは、州の立法の内容と連邦法との競合がありうることを意味する。そして内容が単に競合しているだけではなく、内容が相互に矛盾するような場合、連邦法を優位させ、州法を違憲無効とする必要が生じる(49)。こうした、州法に対する連邦法の優位を専占（preemption）と言う。連邦法が制定される時に、明示的に専占の意図が書き込まれる明示的専占（express preemption）の他に、専占の意図が示されているわけではないが、実際には専占の意図があったとする黙示的専占（implied preemption）の二つの場合がある(50)。黙示的専占については、さらに講学上、非両立専占（impossibility preemption）、障害専占（obstacle preemption）(51)、領域（分野）専占（field preemption）(52)に分けられる。いずれの場合にせよ、専占事項に該当する場合州法が無効になるというのは、我が国における条例制定権が法律の範囲内にあるかが審査されるのと同じ考え方によるものである。また、その審査は、内容の重複や抵触の有無を形式的に判断するのではなく、州法と連邦法の双方の目的や効果を実質的に審査する。(53)このことは、徳島市公安条例事件における最高裁判決(54)が「両者の対象事項と規定文言を対比するのみでなく、それぞれの趣旨、目的、内容及び効果を比較し、両者の間に矛盾抵触があるかどうかによってこれを決しなければならない」としたことと通じるものがある。この意味でも、やはり州法と我が国の条例には、一定の類似性を見いだすことができる。

4　社会実験としての州法

アメリカ法では、しばしば、州は、困難な法的問題の解決策を考案する実験室であると言われることがある。最高裁は、実験室としての州の概念を次にように説明する。

もしある州の市民がそう望むなら、その勇気ある州は、実験室となって、新規の社会的・経済的実験を、他の州に影響が及ぶ危険を冒すことなく試すことができる。このことは、連邦制度に付随する良い一面である。(55)

この説明が意味するのは、ある問題の対応について、州ごとにばらつきが生じるのを前提として、州が、新規の法制度を試行錯誤するフォーラムとして機能することを肯定的に捉えているということである。ある問題が発生している州において、その問題の解決を欲している人々の利益のために州法を成立させる方が、全米的な影響力を持ち、様々な利害調整や時間を要する連邦法を制定するよりも容易である。

実際、我が国で自己決定権とされる問題の一部は、アメリカ法では実体的デュー・プロセス理論に基づくプライヴァシー権の問題として、州レベルで対応されている。例えば、尊厳死の問題に関する医師による自殺幇助（Physician-Assisted Suicide, PAS）については、現在六つの州とワシントンD.C.で合法化されている。[56]言い換えれば、アメリカの多くの州では、現在もPASは違法である。これはPASの考え方がキリスト教、特にカトリックの教義とうまく馴染まないため、全米規模の対応が困難だからである。[57]また医療用マリファナ使用の問題も、合法化されている州は全米的には増加傾向にあると言えるが、その対応は州ごとにばらつきがあり、その数は半数程度である。[58]

このような自己決定権の問題が州レベルで対応されているのは、我が国の条例に関して、各党間の合意形成と、各省庁間の多元的な利益の調整を要する法律制定に比べて、地方自治体は、首長のリーダーシップによって、相当程度簡素な手続きで、かつより迅速な対応が可能になっている、と説明されることと同じであると言える。

5　州から連邦、そして再び州へ

以上のような、ある州における社会問題について、当該州が独自に法制度を整備して問題に対処するというやり方は、アメリカ法ではよく見られる方法である。同時に、この方法が注目されるのは、州での対応が、合衆国全体の政策に影響を与えたり、連邦法の制定へのきっかけとなるからである。

こうした州法から出発した法制度が、連邦法上の制度に格上げされる例は少なくない。例えば、児童虐待の防止は、家族法や福祉行政に関わる事柄であり、それらは伝統的に、州が管轄する事柄であった。しかしながら、児童虐待の実態が、改善どころか、むしろ年を経るごとに悪化していることや、合衆国全体で見た場合にその対応が画一性にかけることが問題とされるようになったのである。そこで、州法における対策の限界を感じた合衆国議会議員の積極的な働きかけにより、連邦法として、児童虐待防止及び処遇に関する法律（Child Abuse Prevention and Treatment Act）が成立した(59)。

この連邦法の成立により、合衆国政府は予算を確保し、その予算の執行について、合衆国憲法第一編八節一項に基づき、条件をつけることができる。例えば、州に対して、児童虐待の防止ための法制度を整備することなどを予算配分の条件とすることによって、合衆国政府から州政府に対して働きかけることができるのである(60)。

他方、州による各種立法が行われた成果が、反動となって、合衆国政府の政策に影響を及ぼすこともある。このことを示す近年の例は、同性愛者の婚姻を合衆国憲法上合憲と判断した一連の経過であろう。同性愛者に対する権利保護、とりわけ婚姻や家族形成に関する権利をめぐる長い運動については、我が国でもすでに紹介されている(61)。そこで注目すべきは、州や自治体が同性婚を承認するという州レベルでの立法や運動があり、その反動として、連邦法である婚姻防衛法（Defense of Marriage Act of 1996）ができたことである。そのため、同性婚が合法とされるまでには、州レベルでの同性婚の合法化や、それに準ずるシヴィル・ユニオンの承認の動きがあったにも関わらず、連邦レベルでは二〇一三年のUnited States v. Windsor判決(62)、そして同性婚問題の最終決着として二〇一五年のObergefell v. Hodges判決(63)を待たなくてはならなかったのである。

四　大阪市ヘイトスピーチ条例の評価

ここまで、アメリカにおける州法の性格、及び連邦法との専占の問題を中心に検討してきた。(64)では、大阪市ヘイトスピーチ条例は、これまでの検討によれば、どのように評価することができるだろうか。

1　言論の自由との関係

繰り返しになるが、ヘイトスピーチを直接的に禁止することは、言論の内容に関わる制限になり、憲法二一条が保障する言論の自由に反する疑いが極めて強い。言い換えれば、言論の自由に抵触する法律や条例の作成によらないで問題に対処することが望ましい。

そこで、いわゆる規制消極説に立つ論者は、ヘイトスピーチが引き起こす問題を憂慮しながらも、対抗言論という伝統的な方法でこれに対するのが望ましいと考えることが多いようである。(65)また、直接的な規制法を持つ場合、それが本来ヘイトスピーチに対抗するためになされた言論に対しても拡大的に適用されるという、副作用を伴う可能性は小さくない。(66)以上のことから、条例は、本来的には対抗言論で対処すべき問題が、もはやそのような市民間の、いわば自浄作用によっては解決し得ないような、真に憂慮すべき事態になっているという評価があって初めて正当化されることになろう。そしてその内容は、条例の拡大解釈による、保護されるべき言論の規制や萎縮効果を排除するためにも、相当にその適用範囲を絞り込んだものとならなければならない。(67)

2　大阪市ヘイトスピーチ条例の必要性と正当性

大阪市ヘイトスピーチ条例は、条例の必要性については地域の実情という点から、また拡大解釈の防止については、立法目的と定義の厳密さから評価できる。前者については、大阪市には「在日韓国・朝鮮人をはじめ多くの外国人が居住している」という事情に加え、「現実にヘイトスピーチが行われている」状況が確認されていることは重要である。[68] 後者についても、目的を、ヘイトスピーチの規制よりも、市民等の人権の擁護と啓発であることを明確にし、[69] 在日朝鮮人らの生活状況の改善や一般福祉の向上は、目的に含まれていない。定義については、ヘイトスピーチが行われる目的、内容や態様、場所または方法と、相当に厳密に設定されていると言える。[70]

憲法上の問題を回避するため、条例は、ヘイトスピーチに対する直接的な処罰や禁止を含まず、代わりに、ヘイトスピーチを行った者に弁明の機会を与えた上で、より制限的でない他の代替手段（ＬＲＡ）として、氏名の公表を予定しているにすぎない。[71] また、言論の自由に対する大きな障害となる、事前抑制の仕組みを持たないことも重要である。[72]

3　国の法律との関係

条例は、国の法律と、その目的や内容について、矛盾・抵触していてはならない。この点について、大阪市ヘイトスピーチ条例は、本稿の二で見たように、国のヘイトスピーチ解消法に先行して成立しており、少なくとも明示的専占の問題を検討する必要はないだろう。また、条例の目的が人権の擁護と啓発であることは、国の法律との関係を考える上でも重要である。この条例は、国の人権侵害救済制度を補完する役割を果たすよう制定されたものである。[73]

その他、条例が達成しようとしている目的と国レベルでの施策との関係も検討する必要がある。このことについては、条例作成の一つのきっかけとなった、在特会事件における司法の態度が一つの参考になろう。在特会事件は、すでに見たように、我が国で最初のヘイトスピーチを理由とした民事訴訟であったが、京都地裁判決では、名誉毀損的表現が差別的動機によって行われた場合は、それは人種差別「行為」そのものであるとした。(74) 後の大阪高裁判決が、京都地裁判決における人種差別撤廃条約の適用方法を一部修正しながらも、(75) 結論において全面的に京都地裁判決を支持したのが二〇一四年七月であり、この時点で、ヘイトスピーチに対する裁判所の態度はかなり明確になっていたと言える。

人種差別撤廃条約については、我が国がこれを批准しており、この条約の精神が我が国の法的秩序の一部を構成していること、また、大阪市ヘイトスピーチ条例の目的が人種差別撤廃条約に合致することは疑いがない。確かに人種差別撤廃条約の批准において、ヘイトスピーチ規制の直接的根拠となる四条(a)項(b)項について、我が国は、ヘイトスピーチ規制に消極的と言われるアメリカと同様に、留保宣言をしている。(76) しかしながら、この留保は、「様々な場面における様々な態様の行為を含む非常に広い」ヘイトスピーチについて、「すべてを刑罰法規をもって規制すること」は、言論の自由との調和の観点から、極めて困難であるから、「憲法と抵触しない限度において」その義務を履行するとしているのである。(77) また、人種差別撤廃条約四条と同じ趣旨であるが、刑罰法規による処罰まで求めていない市民的及び政治的権利に関する国際規約(いわゆるB規約)の二〇条二項については、(78) 留保宣言を付していない。従って、我が国が同条約四条(a)項(b)項を留保したという事実をもって、一律に、人種差別的言論を(処罰しないことはもちろん)抑制しようという条例の作成を禁止する趣旨であると解することはできない。むしろ、我が国の法秩序全体から見て、国が人種差別的言論を解消すべきと考えていると言えるだろう。

このことは現在はヘイトスピーチ解消法で明確にされており[79]、また、大阪市ヘイトスピーチ条例では、言論の自由について十分な配慮をするよう、解釈指針が定められている[80]。以上のことから、大阪市ヘイトスピーチ条例は、国の法律との関係において、大きな問題は生じないように思われる。

五　まとめ

本稿で検討したように、我が国のヘイトスピーチ規制においては、大阪市ヘイトスピーチ条例が先行し、それに後押しされる形でヘイトスピーチ解消法が成立した。大阪市ヘイトスピーチ条例は、言論の自由との衝突を巧みに回避するよう、規制や処罰規定を持たず、また事前抑制の仕組みも採用しなかった。その意味で、我が国の憲法秩序との整合性に相当に配慮して作成されたものと言える。

在特会を中心としたヘイトデモにおいて聞かれる言葉の攻撃性と、そうしたヘイトスピーチがもたらす精神的苦痛や屈辱感を考えるとき、条例の性格がそのようにささやかなものであることは、規制擁護派にとっては、条例は不十分なものとみなされるかもしれない。しかしながら、それでもなお大阪市ヘイトスピーチ条例は、我が国で最初のヘイトスピーチに対する条例であり、国レベルのヘイトスピーチ解消法の成立を後押しした点において、その独自の意義が認められるものである。また、国レベルでの立法を契機として、現在、複数の自治体で、ヘイトスピーチ規制の条例作成が検討されている[81]。このことは、人権保障における、国と自治体の協働関係の例として理解することができる。

［付記］

本稿は二〇一六年一一月二〇日に南山大学で行われた研究会での報告をベースとして執筆し、翌年八月一〇日に脱稿したものである。その後、ヘイトスピーチ規制については、川崎市において、ヘイトスピーチを行う団体による公的施設の利用を制限するガイドラインが作成された。この事前抑制という方法の憲法上の問題点は、本稿後半部分の検討と深く関係するが、研究会での報告に含まれておらず、また脱稿時にはガイドラインが公表されていなかったため、本稿では検討していない。その後、出版までかなり時間が経ったため、今となっては、川崎市から京都府、京都市、及び東京都へと広がりを見せている、ガイドラインによる事前抑制の憲法問題に言及していない本稿の検討の内容は、かなり古くなってしまっている。このことについて、読者のご寛恕をお願いする次第である。

注

（＊）本稿は、日本地方自治学会二〇一六年度研究会における報告原稿に加筆したものである。インターネット上の出典の最終確認は二〇一七年八月一〇日である。

（1）hate speech の訳としては、ヘイトスピーチ以外に、憎悪言論などの訳語が用いられることがあるが、本稿では、これをヘイトスピーチに統一する。なお、論者によりヘイト・スピーチと二語として表記している場合は、それに合わせている。

（2）ただし、行為なのか言論なのかが判然としなかったり、行為に言論としての性格を読み取ることができる象徴的言論の問題がある。*See* Texas v. Johnson, 491 U.S. 397（1989）（政府に対する抗議の意思表示として国旗を燃やす行為が、国旗の焼却や棄損により他者の感情を害することを軽犯罪とするテキサス州法違反になるかが争われた事例で、言論としての要素を重視し、本件に適用する限りにおいて州法を違憲とした事例）.

（3）*See, e.g.*, Ronald J. Krotoszynski, Jr., *Free Speech Paternalism and Free Speech Exceptionalism: Pervasive Distrust of Government and the Contemporary First Amendment*, 76 OHIO ST. L.J. 659（2015）（アメリカ法が極端なまでに言論規制に消極的なのは、政府に対する不信という歴史的理由があると指摘）, Michel Rosenfeld, *Hate Speech in Constitutional Jurisprudence: A Comparative Analysis*, 24 CARDOZO L. REV. 1523（2003）（ヘイトスピーチ規制において、カナダ、イギリス、ドイツの法制、あるいは各種の人権条約と異なり、アメリカが規制に消極的であることを指摘）.

（4）判例については、代表的なものとしてVirginia v. Black, 538 U.S. 343（2003）とR.A.V. v. City of St. Paul, 505 U.S. 377（1992）を参照。また研究については初期のものについてKent Greenawalt, SPEECH, CRIME, AND THE USES OF LANGUAGE（1989）, Mari J. Matsuda et al., WORDS THAT WOUNDS（1993）を、比較的最近の業績としてはKevin W. Saunders, DEGRADATION（2011）, Erik Bleich, THE FREEDOM TO BE RACIST?（2011）, Jeremy Waldron, THE HARM IN HATE SPEECH（2012）を参照。

（5）例えば、江橋崇他「座談会『差別的表現』は法的に規制すべきか」法律時報六四巻九号一六頁以下（一九九二）、内野正幸『差別的表現』（一九九〇）を参照。

（6）我が国では、ヘイトスピーチが重要な社会問題ではなかったにもかかわらず、憲法研究者の間で、前掲R.A.V. 判決の判例評釈や、同判決を契機としてアメリカで活発になった、言論の自由の限界領域の問題として議論されることが多かった。初期の代表的な業績としては、小谷順子「合衆国憲法修正一条と大学における表現の自由　RAV判決以降のヘイトスピーチの規制の問題に関する一考察」法学政治学論究四〇号二六三頁（一九九九）、安西文雄「ヘイト・スピーチ規制と表現の自由」立教法学五九号一頁（二〇〇一）を参照。また市川正人『表現の自由の法理』五三頁以下（二〇〇三）は、憲法学者の差別的表現の規制に対する態度を整理しており参考になる。

（7）在特会の誕生とその後の活動については、安田浩一『ネットと愛国　在特会の「闇」を追いかけて』（二〇一二）を参照。

（8）その極めて攻撃的な内容は、安田浩一「新保守運動とヘイト・スピーチ」金尚均編『ヘイト・スピーチの法的研究』一八頁以下（二〇一四）に詳述されている。

（9）石橋英明「『殺せ』連呼　デモ横行　言論の自由か　規制の対象か」朝日新聞二〇一三年三月一六日。

（10）京都地判平成二五年一〇月七日判例時報二二〇八号七四頁。

（11）大阪高判平成二六年七月八日判例時報二二三二号三四頁。

（12）最三決平成二六年一二月九日LEX/DB25505638。

（13）前掲注10、七四頁参照。

（14）代表的なものとして、金尚均（編）『ヘイト・スピーチの法的研究』（二〇一四）、エリック・ブライシュ（明戸隆浩他訳）『ヘイトスピーチ　表現の自由はどこまで認められるか』（二〇一四）、師岡康子『ヘイト・スピーチとは何か』（二〇一三）、前田朗（編）『なぜ、いまヘイト・スピーチなのか―差別、暴力、脅迫、迫害―』（二〇一三）、安田浩一他『ヘイトスピーチとネット右翼』（二〇一三）を参照。

（15）例えば「どんなに相手の考え方や性格が嫌いでも、一国の首相を呼び捨てで非難するのは、（略）『ヘイトスピーチ』そのもの」とする発言（http://www.sankei.com/column/news/150508/clm1505080006-n1.html）や、大学の講義評価において、女性教授に向けられた「クソババア、死ね」というコメントを「ほとんどヘイトピーチ」とするもの（「大学の講義評価　ヘイトスピーチ的な内容もあると講師が告白」（http://www.news-postseven.com/archives/20130721_200922.html）がある。

（16）例えば、舛添東京都知事（当時）と安倍首相による発言がある。参照「ヘイトスピーチ規制　首相『党内で検討』」二〇一四年八月七日朝日新聞（夕刊）。

（17）例えば二〇一四年八月二八日　毎日新聞「ヘイトスピーチ　九割問題視　規制求める声も」を参照。

（18）国レベルではヘイトスピーチのみならず、一般的な差別的表現の規制についても消極的であったと言える。

人種差別撤廃条約批准時の議論も含め、我が国が差別的表現の規制に難渋してきたことについて、奈須祐治「わが国におけるヘイト・スピーチの法規制の可能性」法学セミナー七〇七号二六頁以下（二〇一三）を参照。

（19）この答申は以下のリンクより入手できる。http://www.city.osaka.lg.jp/shimin/cmsfiles/contents/0000007/7141/tousinkagamituki.pdf

（20）条例は以下のサイトで確認できる。http://www.city.osaka.lg.jp/shimin/cmsfiles/contents/0000339/339043/170601zyourei.pdf

（21）条例による人権擁護の取組について、中村英樹「地方公共団体によるヘイトスピーチへの取組みと課題」法学セミナー七三六号四一頁以下（二〇一六）が状況を簡潔にまとめており有益である。

（22）https://www.buzzfeed.com/kensukeseya/twitter-discriminatory-remark?utm&utm_term=.wj1aqb4xg#.cwvm3GDyQ

（23）吉野太一郎「ヘイトスピーチ対策法案、成立の可能性　与党案は何が問題とされたのか」The Huffington Post 二〇一六年四月二八日。http://www.huffingtonpost.jp/2016/04/27/hatespeech-law-to-enact_n_9791848.html

（24）師岡康子「ヘイトスピーチの法規制をめぐる情勢について」自治労自治研中央推進委員会『自治体から発信する人権政策―ヘイトスピーチを含むすべての人種差別撤廃に向けて―』四四頁、四七頁（二〇一六）は、大阪市ヘイトスピーチ条例に加えて、国際的な批判の高まりも相当程度国レベルの立法を後押ししたことを詳述しており参考になる。

（25）大阪市ヘイトスピーチ条例第一条。

（26）「答申」五頁。

（27）大阪市ヘイトスピーチ条例第二条一項（ア）。

（28）大阪市ヘイトスピーチ条例第二条二項（ア）。

(29) 大阪市ヘイトスピーチ条例第二条三項(ア)。このため、限定された参加者のみに向けられたヘイトスピーチで、一般大衆がそれを知りうる状態ではない場合は、この条例の適用対象外となる。「答申」三頁を参照。なお、前掲注4のBlack判決でも、個人や集団を畏怖させる目的で十字架を焼却することを禁じる州法を合憲としながら、十字架の焼却が政治的言論の一部である場合や、単に集団のメンバーがイデオロギーを明らかにしたり、集団の連帯の象徴として行われることがありうるので、十字架の焼却があれば畏怖の目的があったという一応の証明(prima facie case)になるという規定については違憲としている。*See Black*, 538 U.S. at 363-66 (plurality opinion).

(30) 「答申」三頁。

(31) これに対してヘイトスピーチ解消法では、同二条で「専ら本邦の域外にある国若しくは地域の出身である者又はその子孫であって適法に居住するもの(以下この条において「本邦外出身者」という。)に対する差別的意識を助長し又は誘発する目的で公然とその生命、身体、自由、名誉若しくは財産に危害を加える旨を告知し又は本邦外出身者を著しく侮蔑するなど、本邦の域外にある国又は地域の出身であることを理由として、本邦外出身者を地域社会から排除することを煽動する不当な差別的言動」と、かなり冗長な定義がされているほか、適法に居住するという文言が加えられている。

(32) 「答申」一二頁。

(33) 大阪市ヘイトスピーチ条例第六条。

(34) 大阪市ヘイトスピーチ条例第五条。

(35) 言論の自由と抵触するような条例が合憲とされた例として、いわゆる有害図書規制条例の問題があり、学説上は批判の強いところである。このことについて小谷順子「条例による有害図書規制の行方」新井誠他編『地域に学ぶ憲法演習』一一二頁以下(二〇一一)を参照。もっとも、有害図書関連における批判は、いわゆる有害図書が、青少年にとって真に有害かという証明が不十分であることを理由としたものであり、本稿が扱うヘイトスピーチ規制が言論の自由に抵触するかと同じ問題と関係しているわけではないことに注意。

(36)「答申」五頁。

(37)これについてヘイトスピーチ解消法では、氏名公表なども行わず、もっぱら、国や自治体がヘイトスピーチ解消のために様々な活動を行うことについて「必要な助言その他の措置」(四条)を行ったり、ヘイトスピーチ問題に関する「相談」のための「体制を整備」(五条)するよう求めているに過ぎない。

(38)しかも独立当時の一三の州―独立当時の状況に言及する場合は「邦」と呼ぶべきであるが―の憲法の成立は、合衆国憲法よりも早い。ビーアドは、一六三九年のコネティカット基本法を「史上に知られた最古の成文憲法」としている。チャールズ・ビーアド他(松本重治他訳)『アメリカ合衆国史』七八頁(新版、一九六四)を参照。また当時の邦憲法の成立やその特徴については、田中英夫『アメリカ法の歴史上』八四頁以下(一九六八)、清水博編『アメリカ史(新版)』七四頁以下(一九六六)を参照。

(39)野中俊彦他『憲法Ⅱ』三四一頁以下(第三版、二〇〇一)。行政法学では、承認説を伝来説と説明するものがある。宇賀克也『地方自治法概説』三頁以下(第五版、二〇一三)、塩野宏『行政法Ⅲ』一二七頁以下(第四版、二〇一二)。

(40)合衆国憲法第一〇修正が、憲法が合衆国に委任しまたは州に禁止されていない権限は、それぞれの州とその人民に留保されるとしているのは、後述するいくつかの禁止条項を除いて州には完全な立法権があることを再確認するものである。

(41)一七七六年の独立から一七八七年の合衆国憲法の制定までの経緯と合衆国憲法の性格については、A.ハミルトン・J.ジェイ・J.マディソン(斎藤眞・中野勝郎訳)『ザ・フェデラリスト』(岩波文庫版一九九九)における解説(同書三八九頁以下)が有益である。また、有賀夏紀・油井大三郎編『アメリカの歴史　テーマで読む多文化社会の夢と現実』一九二―二〇三頁、二一四―一七頁(二〇〇三)も参照。

(42)合衆国憲法第一編八節一項(関税を含む課税・歳出権限)、二項(金銭の借入)、四項前段(帰化の規定)、五項（貨幣・度量衡の設定）、六項（証券、通貨の偽造に対する罰則規定）、九項（連邦裁判所組織の整備）、一〇項（国際法との関係）、一七項（コロンビア特別地区に対する専属的立法権）。

（43）同第一編八節一一項（開戦の宣言など）、一二項（軍隊の徴募と維持）、一三項（海軍の設立と維持）、一四項（陸海軍の統制）、一五項（民兵の招集）、一六項（民兵の組織など）。

（44）同第一編八節三項（外国、インディアン、及び州際通商に対する規制）、四項後段（破産処理）、七項（郵便事業）、八項（著作権関係）。

（45）明示的な禁止としては、同第一編九節五項（州の関税の賦課の禁止）、一〇節一項（州の条約の締結や貨幣の鋳造などの禁止）などが挙げられ、事項の性質上、合衆国議会に独占的に権限が付与されている（例えば、第一編八節一一項の戦争権限）場合も、専属的立法権限に含まれる。

（46）ただしより厳密には、州際通商を規制する連邦の強力な権限について、同第一編八節三項に基づく立法が可能であるにもかかわらず未だそれが行われていない場合という、いわゆる「眠れる通商条項（dormant commerce clause）」の問題がある。丸山英二『入門アメリカ法』五二頁以下（第三版、二〇一三）を参照。

（47）憲法九四条、地方自治法一四条を参照。

（48）これは一般に、人権規定の編入と呼ばれる。このことについて松井茂記『アメリカ憲法入門』二〇七頁以下（第七版、二〇一二）を参照。

（49）合衆国憲法第六編二節の最高法規条項を参照。州法に対する連邦法の優位を示した初期の重要判例として「憲法は国の最高法規であり、それに従って制定された連邦法と矛盾する州法は無効である」と述べたGibbons v. Ogden, 22 U.S.（9 Wheat.）1, 210–11（1824）を参照。

（50）*See, e.g.*, Mutual Pharmaceutical Co., Inc. v. Bartlett, 133 S. Ct. 2466（2013）（ジェネリック医薬品の警告表示につき、警告をより強化すべき義務を認めるニューハンプシャー州法が、ジェネリック医薬品と先発医薬品の表示を同一にすることを求める連邦法の規定によって専占されているとした事例）.

(51) *See, e.g.*, Crosby v. National Foreign Trade Council, 530 U.S. 363 (2000)（ビルマ（現ミャンマー）に経済制裁を行う連邦法は、独自にビルマに経済制裁を与えるために成立したマサチューセッツ州法より後に成立したにもかかわらず、連邦法が、大統領の持つ外交権限が実質的に簒奪されうることを容認していたとは言えないとして、連邦法の専占を認めた事例）.

(52) *See, e.g.*, Hines v. Davidwitz, 312 U.S. 52 (1941)（移民や帰化に関する連邦の権限を根拠に、外国人登録について独自の規定を設けたペンシルヴァニア州法に対する専占を認定した事例）.

(53) 例えばWillson v. Black Bird Creek Marsh Company, 27 U.S. (2 Pet.) 245 (1829) は、ある川の支流に堰を建設する州の権限が、川を利用した航行を規制する（この場合は眠れる）州際通商規制権限に反するかが争われた事件であるが、最高裁は州の権限は川沿いの土地の価値を高め、住民の健康を増進することが目的であるとして、両者は矛盾抵触しないと判断している。

(54) 最大判昭和五〇年九月一〇日刑集二九巻八号四八九頁。

(55) New State Ice Co. v. Liebmann, 285 U.S. 262, 311 (1932) (Brandeis, J., dissenting). このような考え方が近年再びクローズアップされた事例として、政治的ゲリマンダを防止する目的で、州議会ではなく独立区割り委員会に選挙区割りを行わせることをレファレンダムによって決定したアリゾナ州を挙げることができる。*See* Arizona State Legislature v. Arizona Independent Redistricting Commission, 135 S. Ct. 2652 (2015)（州議会から独立して区割りを行う委員会が、合衆国憲法第一編四節一項の the Legislature に含まれるとされた事例）.

(56) *See* http://www.procon.org/headline.php?headlineID=005343

(57) 例えば植物状態の患者に対する治療中止が争われた事件で、オコナー裁判官は「この困難で繊細な問題に対する最善の解決策については、未だ全米的な合意が得られていない」状態であり、「自由を保護するための適切な手続きの考案は実験室たる諸州に委ねられている」と言う。*See* Cruzan v. Director, Missouri

Department of Health, 497 U.S. 261, 292（1990）（O'Connor, J., concurring）.

（58）例えば井樋三枝子「マリファナ規制に関する動向」外国の立法二六二―二号四頁（二〇一五）を参照。

（59）この過程については、池谷和子『アメリカ児童虐待防止法制度の研究』一二六頁以下（二〇〇九）が詳しく説明している。

（60）こうした、合衆国政府から州への補助金の配分や州への課税というような、金銭を媒介とした政策上のコントロールの例は、少し古いものでは銃規制が、また最近のものではオバマ・ケアと一般に呼ばれる医療保険改革が挙げられよう。特に、銃規制の問題について、連邦法としては合衆国最高裁に違憲判決が下されたものの、補助金目当てに、州が自発的に、違憲とされた連邦法に類似する州法を制定したという事実について、ケネス・L・カースト（宮川成雄・相内武遂共訳）「アメリカ連邦最高裁判所の『新連邦主義』―はたして新しいのか―」比較法学三六巻一号二一九頁、二二八―二二九頁（二〇〇二）を参照。オバマ・ケアについてはNational Federation of Independent Business v. Sebelius, 567 U.S. 519（2012）と、その判例評釈として木南敦「Patient Protection and Affordable Care Act と合衆国議会の立法権限の範囲」アメリカ法二〇一三―一号一四一頁以下を参照。

（61）例えば、早くから同性婚が承認されたハワイ州を中心に検討する、マーク・レヴィン、榎透「アメリカ合衆国における連邦憲法と州憲法の関係のダイナミクス　婚姻平等（同性婚）を例として」法律時報八七巻五号九一頁（二〇一五）や、井樋三枝子「同性婚をめぐる各州の動向」外国の立法二五九―二号四頁以下（二〇一四）を参照。

（62）United States v. Windsor, 133 S. Ct. 2675（2013）. 判例評釈として白水隆「婚姻を異性間に限定する連邦婚姻保護法第三条は、デュー・プロセスを定める合衆国憲法第五修正に反し違憲である」アメリカ法二〇一四―一号一六一頁以下を参照。

（63）Obergefell v. Hodges, 135 S. Ct. 2584（2015）. 判例評釈として小竹聡「アメリカ合衆国憲法と同性婚―

Obergefell判決をめぐって―」拓殖大学論集政治・経済・法律研究第一八巻第二号五五頁以下（二〇一六）を参照。

(64) このことについて、すでに中村前掲21が検討を行っており、第一に参照されるべきである。

(65) 例えば我が国では、市川正人「表現の自由とヘイトスピーチ」立命館法学二〇一五年二号一二三頁、一二七―三〇頁、松井茂記『インターネットの憲法学』二六八頁以下（新版、二〇一四）がある。

(66) このことを刑事規制の問題として憂慮するものとして櫻庭聡「現在の刑事司法とヘイトスピーチ」法学セミナー七三六号二七頁を参照。またイギリスの経験からこの副作用を警戒するものとして師岡康子「イギリスの人種主義的ヘイト・スピーチ法規制の展開」国際人権二四号四一頁（二〇一三）を参照。

(67) この意味で、ヘイトスピーチ規制について、消極説や積極説という表現で分類するのは相対的なものであり、例えば消極説に立つ市川前掲も、特定の人種に対する暴力行為の扇動など、限定的な状況においては規制の可能性を認めている。市川前掲65、一三〇頁を参照。また、そのヘイトスピーチが特定の個人に向けられていると言える場合には、在特会事件の場合と同様に、民事の名誉毀損となるし、その態様によっては、刑事の名誉毀損罪、侮辱罪、脅迫罪となりうることは、多くの論者によって指摘されているところである。刑事規制の可能性については、櫻庭前掲66を参照。

(68)「答申」一頁。

(69) 大阪市ヘイトスピーチ条例第一条、三条。

(70) このことを指して、中村前掲21、四四頁は「三重の絞り」として好意的に評価する。

(71) 大阪市ヘイトスピーチ条例第五条一項、同三項。

(72)「答申」九―一〇頁。

(73)「答申」五頁。

(74) 判例時報二三一〇八号九八―九九頁参照。

(75) 京都地裁判決は、人種差別撤廃条約について、あくまで間接適用の体裁をとるものの、不法行為が人種差別行為によるものと認定されれば、損害の評価において、人種差別撤廃条約の趣旨が反映されなければならず、そうするのが裁判所の責務であるとした(前掲判例時報二二〇八号九六頁)。これに対して、大阪高裁判決は、不法行為の認定において、憲法の規定とともに人種差別撤廃条約の趣旨が参照されるとして、間接適用の立場を明確にしている(前掲判例時報二二三二号三六頁)。

(76) 人種差別撤廃条約加入以降の最初期における我が国の法制度への影響と問題点を論じたものとして、村上正直「人種差別撤廃条約への日本の加入とその問題点」法学セミナー四九六号四頁以下(一九九六)を参照。

(77) 留保宣言とその理由については http://www.mofa.go.jp/mofaj/gaiko/jinshu/99/4.html を参照。

(78) 市民的及び政治的権利に関する国際規約二〇条二項は「差別、敵意又は暴力の扇動となる国民的、人種的又は宗教的憎悪の唱道は、法律で禁止する。」と定める。

(79) ヘイトスピーチ解消法前文。

(80) なお大阪市ヘイトスピーチ条例第一一条。

(81) 例えば毎日新聞「ヘイトスピーチ　対策法一年　条例検討、名古屋など三市　愛知県、施設利用制限も」二〇一七年六月一日(中部朝刊)を参照。

(ひがしかわ　こうじ・英米法)

Ⅳ　書評

《書評》

佐藤竺著『ベルギーの連邦化と地域主義
——連邦・共同体・地域圏の並存と地方自治の変貌——』

木寺　元
（明治大学）

本書は、行政学・地方自治研究の大家である佐藤竺が愛弟子や愛妻の協力を得ながら足掛け一〇年かけて紡ぎあげた労作である。

本書は、二部構成である。第一部は、「ベルギーの政治と行政」とのタイトルで、七つの章立てからなる。

「第Ⅰ章EUの動向（超国家レベル）とベルギーへの影響」は八節構成である。「第一節　EUの出現と圏域拡張の動き」では、EU（ヨーロッパ連合）の出現と活動の活発化の歴史の概略が触れられた後、ヨーロッパにおける超国家レベルの進展の先端においては、ベルギーが他のベネルクス三国と共に需要な役割を果たしたことが触れられている。続く節はEUの概略である。一九四八年設立の「ヨーロッパ経済協力機構」（OEEC）や一九四九年設立の北大西洋条約機構（NATO）、ヨーロッパ審議会（CE）など、第二時世界大戦終戦から約五年間に、ヨーロッパで三つの重要な国際的協力機関が相次いで発足した（第二節　第二次世界大戦直後の動き）。その中で、フランスの外相ロベール・シューマンが、主として武器の製造に積極的な欧州数カ国の石炭と鉄鋼産業の統合を提案し、一九五一年のパリ条約で欧州石炭鉄鋼共同体（ＥＣＳＣ）が設立された時から、ＥＵの道が始まった。その後、ＥＣＳＣはいくらかの変遷を経、一九九二年二月にマーストリヒト条約が調印され、翌年からヨーロッパ連合（ＥＵ）が発足した（第三節　ＥＣＳＣからＥＵへ）。第四節では、ＥＣＳＣ発足以降の主要な条約等について説明されている。ＥＵは数多くの機関を有するが、最も重要なものは、ヨーロッパ委員会、ヨーロッパ連合理事会（閣議）、ヨーロッパ議会、ヨーロッパ理事会である（第五節　ＥＵの主要機関）。一方で、ＥＵが二八もの構成国とおびただしい数の政治集団を含むだけに、意見や利害の対立が顕在化するのは当然である。諸構成国が連合に管轄権を委譲すべき分量について意見は大きく分かれ、また、ＥＵの財政もまた対立する利害を生み出す。その結果として、近年イギリスではＥＵ脱退の動きが進み、ギリシャの財政危機などに見られるようにポピュリズムの温床ともなった（第六節　ＥＵをめぐる意見の対立と脱退の動き）。また、正式な入国手続きを踏まない移民は、推定でＥＵ内に四〇〇万人〜八〇〇万人いるが、一九九二年のマーストリヒト条約で域内の移動自由を認めたため、一度域内に入られると追跡が困難になる。こうしたことから、不法移民の激増にともなって、強硬な取り締まりに転換する国が続出していった（第七節　ヨーロッパ諸国での移民排斥の動き）。さて、ベルギーである。ベルギーの連邦化と地域主義の進展を検証しようとすると、その背後にはヨーロッパでのこのＥＵの不断の圏域拡張と、一見それとは相反する方向の分権化のうねりが連動しており、しかもこの両者がその中間に介在する既存の主権国家ベルギーの頭越しに緊密に連携して動いていることが指摘される。例えば、一九七〇年の連邦化に伴う連邦政府と対等・並列・同格の「共同体」と「地域圏」の誕生によって、Ｅ

Uと両者の間に主権国家同様の条約締結が可能になった。また、EUの条約と連動する国内法（この場合は連邦の国法と両機関の共同体法と地域圏法「デクレ」）の制定なしに条約自体が直接適用されるということになり、全ての法規が憲法同様の条約遵守を要求されるに至った。かくして、ベルギーにおいては憲法と条約のいずれが優位性を持つかの論争が現れたのである（第八節　国際条約と国内法）。

「第Ⅱ章連邦政府（国家レベル）の役割低下」は、八節構成である。「第一節　ベルギー王国誕生までの歴史」では、文字通りベルギー王国誕生までの歴史が概略される。このベルギー王国は、建国当初からフランス語話者に重点を置いたワロン中心の国づくりの下で築かれた。独立を勝ち取ったとき、北部の貧しいフラーンデレンはオランダ語の方言を話す田舎の農民たちが支配的だったが、一方南部の豊かなワロンはヨーロッパ大陸で最初に工業化された地域だった。ただし、ほとんどのベルギー人は自国語として方言を話していたのに、地方のエリートたちは上流社会への移行の印として使われたフランス語を話していた。これに対して、フラマン語運動は、人口の約六〇％を形成するフラマン人の権利を擁護し、フランス語と同等にオランダ語を公用語として認めさせようとするものだった。一八四〇年には初めてのデモが起こり、フラーンデレンでの行政公文書や司法におけるオランダ語の使用を要求したが受け入れられなかった。しかし、少しずつ成果を獲得するようになる。一八七三年になって初めて「言語についての法律」が制定され司法の場での使用が認められ、七八年には行政の場へ、八三年には教育分野へと拡大されていった。だが、首都ブリュッセルだけは支配層の大半フランス語話者だったため除外され、八九年にようやく口頭による証言だけに認められ、九四年には二重言語も法定されたが、依然として重要な決定はフランス語に限られていた。ついで二〇世紀に入ると、第一次世界大戦で数多くの戦死者が出たが、これは兵士の八〇％がフラマン人だったにも関わらず軍隊用語はフランス語のみだったことによるもので、しばしば反抗も起こり、遂に一九三八年には士官と士官候補に両言語の知識習得を義務付けた。一方、運動は世紀の変わり目には広範な支持を集め、戦間期には大衆動員が始まった。フラマン語の完全な認知への過程は、社会的はもとより法律的にもフラマン語運動から一九六〇年代末まで一〇〇年少々かかった。しかも、南北の経済力が逆転して以降、今度は逆に北部で公立学校においてオランダ語だけを使用し、フランス語の使用を禁止する事例や、北部の自動車工場内でやはりオランダ語以外の使用を禁止する事例が出てきたのである。それではフラーンデレンのひとたちは、オランダへ統一することを好むのかといえばそうではない。佐藤の見立てでは、オランダの歴史や経済への劣等感が伏在していると見る。いずれにせよ、フラマン語運動は、一部過激なフラーンデレンの分離独立運動へと繋がっていく。ワロンもまた二〇世紀半ばから分離主義者が発生するようになった。しかし、ベルギー王国ではフランス語のワロンの優位が長く続いたが、石炭と鉄鋼を中心とした経済が翳り始めると、フラーンデレンとの経済力が逆転した。このためワロンの分離主義は、ワロン単独の独立というよりも、ベルギーの国家としての統一やフランスへの併合を望む傾向にある（第二節　建国以降の対立・抗争）。

こうしたベルギー政治の特色の一つは、A・レイプハルトによってオランダをモデルにして一九六〇年代後半に解明され名付けられた「多極共存型民主主義（consociated democracy）」にある。つまり、社会が複数のサブカルチャー＝民族・宗教・文化・階級などに分裂し、それぞれのエリートが相互に妥協することによって社会の分裂解体やグループによる強圧的支配を回避されている民主主義体制である。このような国では英米流の多数決民主主義は成り立たず、とりわけベルギーでは南北の対立から連邦での立法部や諸機関の構成には特別多数決の採用や徹底した均衡が図られている。また、個々のサブカルチャー内部では政党を頂点に社会集団、放送、学校、その同窓から各種趣味やスポーツなど生活の中でのサークル活動に至るまで、それこそ揺り籠から墓場までそれぞれの主柱（pillar）と呼ばれるものを形成して相互に拮抗しながら、しかもエリート間の協力・妥協・取引によって大連合政権を構成して政治的安定が保たれる。ベルギーの場合は、このような状況から比例代表制を採用せざるをえず、これが多党分立を招き、しかもイタリア型のように第一党の得票プレミアムを付けることもないので、連立政権の結成が不可欠となる。さらに、分権の進展と軌を一にして、それまでの中央諸政党がいずれも南北に分かれたため、状況は一層複雑化した。そのため、総選挙の後の組閣が難航、新政権発足まで、一九八八年には一四八日、二〇〇七年には一九一日、二〇一一年には世界最長といわれた五四一日間を要した。ただ、このように長期にわたる政権不在が可能だったのは、一方でEUという超国家の枠組と、他方で共同体や地域圏に教育、経済、雇用保険、医療などが既に連邦から移譲されていて、「国」がなくてもほとんど困らないという状況があったからといえる（第三節　多極共存型民主主義とその変容）。第四節では、南北両地域の現状比較が行われ、第五節では両地域の長年にわたる顕著な対立のひとつであった教育政策の対立について素描する。第六節は、言語境界線の確定と言語紛争について、第七節は王制の役割と問題点について、第八節はベルギーにおける移民問題ついて、第九節では先ほど述べた政党の南北分裂と組閣の難航についてより詳しく論じている。

「第Ⅲ章連邦化と政府の変容」は、二節構成である。「第一節　連邦化の進展に伴う憲法改正」では、一八三〇年権力を国とケント基礎自治体に分権する三層の政府レベルからならなる単一国家として組織されたベルギーが、一九七〇年、一九八〇年、一九八八年、一九九三年、二〇〇一年、二〇一四年と六階に及ぶ憲法改正により、段階的に共同体と地域圏からなる連邦国家に変わっていったことが示される。「第二節　連邦化と各政府間関係」は、そこに書くべき内容の多くを「補完資料」に譲っている。「第Ⅳ章連邦国家の権限配分」は、三節構成である。「第一節　ベルギー連邦国家の各政府レベル」では、EU、連邦、共同体、地域圏、県、自治体の六層の政府レベルについて整理がなされている。連邦、共同体、地域圏の並列・同格がその特色であり、EUの権限が次第に浸透、合併により区域が拡大された自治体も強化されたが、県は共同体や地域圏の出現・強化によりその存在感が薄れている。第二節では具体的な「管轄権配分」の状況が説明される。第三節では、各共同体と地域圏の概況が述べられる。フラーンデレンでは共同体と地域圏が一体であり、その立法権は共通の議会（フラーンデレン議会）により、また執行権も共通の政府によって行使される。その一方で、フランス語共同体の権限の多くはワロン地域圏とブリュッセル首都圏議会のフランス語共同体委員会とに委譲されている。

「第Ⅴ章仲裁院の誕生と憲法裁判所への移行」は七節構成である。第一節では、立法権を配分された連邦・共同体・地域圏の立法権者の間で権限争いが生じた場合にそれを解決する審判者を見出す必要性から誕生した仲裁院制度の概要について述べられ、第二節では、仲裁院の創設とその役割、第三節ではその法的（憲法的）基礎について触れられている。さらに、仲裁院は二〇〇七年の憲法改正で「憲法裁判所」に改称した。その憲法裁判所の組織については第四節で、管轄権は第五節、審理および手続きは第六節と第七節で説明されている。

「第Ⅵ章国務院（最高行政裁判所）」は三節構成である。国務院とは一九四六年の国法で設置された連邦の最高行政裁判所であり、連邦のみならず共同体・地域圏、県、基礎自治体にも関与する。第一節で国務院の構成について、第二節で国務院の機能について、第三節で司法制度について述べられている。

「第Ⅶ章地方自治関係法令・資料」ということで、第一節はワロン地方民主制・分権法典が、第二節はリエージュ県諸法令が、第三節は公務員関係法令がまとめられている。

第二部は、自治体現地調査報告である。第Ⅰ章では「現地調査のスケジュール」が記され、第Ⅱ章では県レベルの自治体として、第一節　東フラーンデレン県、第二節　リエージュ県、第三節　ナミュール県での調査結果が所収されている。第Ⅲ章では基礎自治体レベルの自治体として、第一節　リエージュ市、第二節　ナミュール市の調査結果が収められている。第Ⅳ章は、大学研究者として、第一節　ゲント大学人権センタースタッフ、第二節　ペータース教授（ルーヴァン大学）への調査結果が記されている。最終章の第Ⅴ章では、実態調査から得られた知見として、第一節　連邦レベルの問題、第二節　県レベルの問題、第三節　基礎自治体レベルの問題がまとめられている。

本書は、よくある「横のものを縦にする」（本書は横書きだが）ばかりではない。特に重要なのはこの第二部の現地調査報告である。率直にいって、私が上記で要約した歴史や本書において大きな紙幅を割いている制度については、原文であればネット上で入手できるものも多い。もちろんそれを日本語に翻訳したということ自体の貢献も大きいのだが、やはり現場ではどのような運用がなされ、それを見つめてきた現地の研究者はどういう眼差しを向けてきたのかは、現地調査をしないとわからない部分も大きい。その意味で、私が感じる本書の醍醐味は第二部にあると思うのだが、その「スイートスポット」をここで露わにしてしまうのではつまらない。ぜひ手にとってご一読いただきたい。

当初は、率直に言ってこの本は私にとって大変に読みづらかった。明確なリサーチ・クエスチョンがあり、先行研究が不十分なところを的確に示し、その不足分を質的あるいは量的な研究の手法によって明らかにしていくタイプの研究に慣れてしまっていたからである。しかし、こうした制度に関するまとまった記述を読み進めていけば、新しい研究の着想につながっていくことが実感される第二部の現地調査報告は制度の実際の運用のされ方などへも深掘りされ、ますますその思いを強くした。この本自体が実証研究のスタイルを取る必要はなく、この本が実証研究に対して、たとえばリサーチクエスチョンのひらめきを与えることや必要なエビデンスのありかを指し示すことなどによって貢献すればよいのである。たとえば、総選挙・地方選挙・共同体選挙の選挙年のズレについての指摘があるが（四五五ページ）、これが政府間関係に対してもたらす影響等についても実証研究を通じてさらに議論を発展させることができそうである。

しかし、たとえば第一部の「第Ⅶ章地方自治関係法令・資料」で、第一節はワロン地方民主制・分権法典が掲載されておりながら、フラーンデレン分が掲載されていない、第二部も市の調査では、ワロンのみにとどまり、フラーンデレン地域の都市を訪問していないなどの不十分さも垣間見える。その理由として佐藤自身が、オランダ語とフランス語を学校で学んだ経験がなく、本研究を行うにあたりこれらの言語を独学で習得することを余儀なくされたことが挙げられている（ⅲページ）。なぜその佐藤がベルギーの地方自治を研究するに至ったのかといえば、自治体国際化協会の比較自治研究会で小国ベルギーの調査研究がそれまでなく、調査研究を提案した手前その任にあたることとなった経緯が本書においても書かれている（ⅱページなど）。佐藤自身は地方自治の研究者としては斯界の権威であるものの、オランダ語もフランス語も理解しない人物がその資料の翻訳も含めた役割を負うことの研究プロジェクトの効率性に疑念を禁じ得ない。自治体国際化協会もベルギーの地方自治に関する調査研究の必要性を認めるならば、佐藤個人やその個人的な人脈に過度に依存することがはたして適切であったのか、疑念なしとはしない。

政府系の外郭団体が研究者を用いて調査研究をすることがしばしばあるが、属人的に調査研究のテーマが決められ、そのネットワークの内部で進められることが多い。アカデミアにおける研究費の削減の窮状が叫ばれて久しいが、新しい令和の時代では、外郭団体も調査研究に費やすリソースをもっとオープンで効率的に使われる研究資金にすることを検討するなど改善してもらいたい。

さて、内容面においてもう少し詳細に知りたかったのは、政党内部についてである。本書は選挙結果などが仔細に書かれており、地方自治の書物としては地方政治の実情にかなり意識を向けている。その上で、私の関心事は、ＥＵ、連邦、共同体、地域圏、県、自治体の六層にもおよぶマルチな政府レベルにあって、政党としての統一された意思決定はどのようにされているのか。政党としての一体性はどのような仕組みで担保されているのか、である。同じ政党所属の議員間や支部間の階統的な関係性の有無や、それがマルチな政府間関係にどのような影響を与えるのかは重要である。仮に党中央・党本部の決定権が強い場合は、制度面での政府間の関係がフラットであっても、政治の回路を通じて垂直的な統制が政府間関係を貫通している可能性もある。とはいえそうした調査研究は、本書の豊富な蓄積の上でこそ、さらに充実した展開が可能になるものであろう。本書が現代ベルギーの地方自治のみならずマルチレベルの政府間研究においても貴重な貢献をなす書籍になることは間違いない。

〔本書は、敬文堂、二〇一六年刊
　定価（本体五五〇〇円＋税）〕

《書評》

加茂利男著『地方自治の再発見　不安と混迷の時代に』

山岸　絵美理
（大月市立大月短期大学）

本書は、政治学の分野から地方自治にも鋭く切り込んでこられた加茂利男氏（以下、筆者）の「一二年ぶりの単著」（「あとがき」より）である。また、本書は「安倍内閣の改憲・安保体制改革の動きやトランプ政権の登場、中東紛争・朝鮮半島危機などを見ながら」、「少なくともいま自分が考えていることを文章にしておこうと思い、パソコンに向か」われて著されたものであるという。五つの章と補遺からなる本書のうち、序章、一章、四章が書き下ろしで、二章、三章、補遺は、旧稿を一部修正して転載したものである。あとがきでも述べられているように、本書は、「トランプ現象や朝鮮半島・中東危機、EUの動揺や資本主義の行き詰まり、グローバル化に伴う社会空間の錯そう、人口減少社会などを論じながら、地方自治を置き去りにしたような動きの中に、むしろ地方自治の新しい、より大きな課題や可能性を見出し、地方自治という概念を再発見する試みをした」ものだという。その意味では、大きな社会の変化、日本や世界の動きの中から、まさに「地方自治の再発見」をしたものである。以下、本書の内容を見ていこう。

序章と第一章では、「何が起こるかわからない時代」が始まったことについての筆者の認識が示され、世界情勢や資本主義が変貌したことについての分析がなされている。トランプ政権、EUをはじめとした世界経済と政治の混乱を示しながら、副題の「不安と混迷の時代」を描く内容となっており、地方自治に言及する前提が示された章になっている。一方、そうした位置づけを示すにあたっては「アマチュアの視線」と前置きしながらも、本格的な経済学の理論を読み解き、理解しやすい言葉で、現状認識を書き進めている。筆者が「アマチュア」ならば、地方自治の研究の発展途上にある評者は、この章を読み解くにあたり、自らの立ち位置をどのように表現して良いのかを突き付けられる思いであった。

周知のように、アメリカの終焉に代わり世界の安定を担うと期待されたEUの統合であったが、そのほころびが、政治的にもまた特に経済的にも露出している。イギリスの国民投票を経た上でのEU離脱、さらにはそれをめぐるイギリス政局の混迷など、政治的混乱が拡大している。まさに、筆者のいう「不安と混迷の時代」といった様相が深まっている。それではこの章で著されている「不安と混迷」という言葉がそのまま日本の地方自治をめぐる「不安と混迷」にストレートにつながっていくのか、なかなか難しい問題である。なぜなら、前者は、地域統合や移民の流入というナショナリズムを刺激し、マクロ的な民主主義の危機を示すものであり、一方、今日の日本の地方自治の状況は、「地方創生」にあらわされるような人口減少・少子高齢化といった住民生活に直結する課題への対応という側面があると評者が考えるからである。もちろん、国が「地方創生」などにこだわる背景に国際的な資本主義の危機とそれへの対応という側面があるのは理解できるが、その危機と日本の地方自治が直面している課題や政策的対応について、自治体現場にどのような具体的な提案ができるのかを考えるのは、われわれ地方自治研究者の使命であろう。こうした論点は、以下の章を読み進める中でより考えさせられた。

第二章は、評者にとってもとりわけ興味深い章である。本章は、日本国憲法における「地方自治」の意味の確認から始まる。その趣旨について筆者は、「地域の住民やそれを代表する地方公共団体が、地域の公共的な問題について、国の法律の制約を受けながらも、自律的な統治（自治）を行う権利を持っている」ものであり、「同時に、住民が地方公共団体を形成し、その運営について発言・参加し、異議を申し立てる権利を持つ」もののであると確認する。これを踏まえて、「地方自治とは、国（主権国家）のなかで、地域の住民および彼らを代表する公共団体（自治体）が、地域の公共的な事柄について、自ら意思決定しそれを執行するという制度」であると述べる。しかし、現実には国の「都合」と地方の決定は、必ずしも一致するわけではなく、地域の決定が国の「都合」に反することは、現代日本のみならず世界（スコットランドの英国独立に関わる住民投票など）でも起きている。こうした動きを、筆者は「社会空間のスクランブル」（錯綜）という言葉を使い、人々の生活空間が国家を越える一方で、人々の生活空間として最も近いコミュニティレベルに集落・地区計画をつくる権限をもった「区」という空間が設置され、権限が与えられるというような様々なレベルの公共空間で広狭の空間の設定が行われているとしている。つまり、国、自治体といった地方政府の区域のみを考えるような区域設定のあり方に限界が起きており、「地方自治」について、住民・自治体・国家の関係という枠組みの中のみでは考えられなくなっているとし、そのためには「地方自治」の概念を再発見、再定義し、さらには「大文字の地方自治」の構想が必要になるのである。

以上の提起を踏まえ、参考として二〇世紀末にかけて行われたとりわけヨーロッパでの「地方自治制度とくに自治の空間的な単位・区域を再編成する動き」についての各国の特徴をあげながら、さらには自らの調査をもとに、二一世紀の自治区域改革を三つのパターン「合併・統合型改革―日本・デンマーク」「自立・連合型改革―フランス」「混成型改革―フィンランド」に分けている。

筆者はヨーロッパの一連の自治体の区域改革に着目するのであるが、その意義として、「人間活動の空間・場における秩序作り・ガバナンスの在り方を変化させる」点をあげ、「自治体の区域再編成は、地域の政治・行政をめぐる大きな争点となった」と指摘する。以上のような文脈で日本において思い浮かべることができるのは自治体の「合併」であり、確かに日本の自治体の区域改革は「平成の大合併」として断行されたのである。しかし、ヨーロッパの改革とヨーロッパの区域改革を比較すると、日本の合併は「効率性」の要求と人口「規模」の大きさが国により示され、推進されたものだといえる。しかし、本書において紹介されているヨーロッパの国々の改革は、行政サービスの効率性が求められる側面がなかったとは言えないものの、そこにとどまらずデンマークのように「行政効率と地域民主主義」の双方の要請が勘案され、またフィンランドの場合のように、合併の選択についての決定権が明確に自治体に残されていたことなどに大きな違いがある。つまり、ヨーロッパの改革は自らの空間設定の決定権を住民が持つ、もしくはその決定権が国によって自治体に保証されていた。日本の場合は、自治体の「規模」の改革に終始し、住民による自分たちの「空間」「区域」の設定にまで及ぶ視点はなかったといえよう。自治体の「区域」は、その区域内に存在する多様な自然社会現象がおこる「空間」でもあり、ガバナンス、自治あるいは行政活動が行われる区域である。人口「規模」は、単に自治体の区域、空間内を構成する一要素に過ぎない。評者としても、以上の観点をふまえ、ヨーロッパの区域改革は、日本のそれと大きな違いがあると考える。筆者による三つのパターンは「自治区域改革」のパターンを示しているが、加えて地方自治の視点から、自治体の空間、区域の決定を行う主体に着目した検討も必要であり、住民自らが決定するという自治、民主主義の重要性を強調することも必要であろう。

第三章は、前章の補論として位置づけられており、ここでの検証は「平成の大合併」がピークを迎えた時点から約一〇年経過した時点での「暫定的な評価」を行うものである。とはいえ、一九九九年の合併特例法による財政上の特例措置の期間が二〇一四年に終了したこともあり、合併した自治体は、まさにそれぞれが現在、財政上の「正念場」を迎えているともいえる。こうしたことを受け、冒頭で筆者は今後さらに「財政破たんに陥る自治体が出てくる可能性がないとは言ええ」ないと危惧している。検証の参考となった調査は以下のものである。すなわち、①―一総務省調査・①―二町村会調査（いずれも二〇〇八年）、②総務省『「平成の大合併」について』（二〇一〇年）、③全国町村会『「平成の大合併」の終わりと町村のこれから』（二〇一〇年）、④東京都市研究所報告書（二〇一三年）、⑤日本村落社会研究会報告書（二〇一三年）、⑦岡山大学グループの研究（二〇一三年）である。これらの報告書の筆者の整理をまとめてみると以下のようになるだろう。合併自治体にみられる具体的な効果については、「規模の利益」（①―一）、「広域的な地域づくり」（②）、「歳出削減効果」（②）であり、いずれも総務省による報告書からあげられている。合併・非合併自治体それぞれにあげられる「効果」とは言えない現況としては、行政組織・体制の急速な減少が④の調査によって示されている。それはとくに非合併自治体に顕著だという。合併自治体では、都市内分権の維持のために、支所等を地域ごとに設けて、住民参加の維持を図るために、職員数を減らすことが困難であったが、合併の「もう一つの眼目であった専門職員の確保」の重視により、結果的に支所等の職員数が減少された。その一方で、非合併自治体は、「自治体としての存立を守る」ために、大幅なポスト・人員の削減にむかったという。どちらの場合においても、「分権・自治・参加」が行財政の効率の犠牲になったことがみてとれる。以上の状況をめぐっては、④のレポートによる「合併後における旧町村単位の団体自治の縮小は、合併の必然的結果であった」とする。合併自治体における分権は、「合併を実現するための方策」であり、行政的自治が縮小されると参加のインセンティブも失われていくしかなかった」とする筆者の指摘は重要であろう。その他、非合併の小規模自治体に目を向けた③の調査も興味深い。あれほど危機感を煽られた小規模自治体であったが、小規模自治体でも義務付けられている事務の処理は可能であり、今後も「単独で」いくと答える回答が「七六%」であったという。多くの町村で、現在の体制を維持しながら広域連携や都道府県の補完により、運営を継続していくことが可能であるという考えが示されたものであろう。

次に財政に関する分析については、④のレポートで、二〇〇九年時点での一八〇〇市区町村の財政状況が調査され、合併自治体より非合併自治体のほうが、財政効率が向上したという結果が示されている。同様に、⑥の岡山大の研究では、小規模町村による合併がなされた自治体で、今後深刻さが予想されているという。④のレポートの結論として、合併のメリットが結果的に手薄になり、そればかりか、「行財政改革」効果が鮮明に残ったとし、「究極の行財政改革」が自己目的化した現代日本の行財政運営の姿が浮かび上がった」という指摘は、(第二章でもふれられているように)日本の区域改革が、区域改革の意義についてヨーロッパのそれとはかなり異なっていたことを明らかにする。

最後に⑤の報告書では、福島大(当時)の今井照氏の総括の引用を用いながら、「政治的思惑で行われた合併政策が地域を疲弊させてしまった」と結論づけるのである。なお、評者としては、「東日本大震災」に際して、「平成の大合併」が地域に与えた影響についても、災害大国日本において検証すべき重要なものであり、多くの研究成果が提出されている点についても触れておきたい。

筆者は、「ポスト平成合併」の今後の課題として、道州制への動きについても所感を述べている。人口減少、グローバル化の時代で公共空間の再構築が求められるという前提が確認され、平成の大合併の熱気が冷めた今、小規模自治体は平熱に戻り、広域連携や都道府県の補完が行われているため、再度の合併推進や道州制への転換が容易には進まないのではないかという。評者としては、そうした状況認識を共有しつつも、区域の再編は起こらないとしても、過度な人口集中や全国的な人口の分布のアンバランスさは加速するかもしれず、そういったアンバランスがガバナンスや公共の在り方に影響を与える可能性については考えておく必要があると考える。「地方創生」によって、地域間で人口というパイを巡っての争奪戦が起きており、市町村合併は進まなくとも、再び「究極の行財政改革」をめざす理念なき区域改革が施行される可能性はある。とくに、住民から距離がある都道府県の再編成や、「都構想」のような大都市についての議論は再び起きるかもしれない。そのような流れに対抗する自治の力を維持した自治体の在り方について、現在の二層制の地方自治を前提とした日本の制度をふまえて考えておくことも必要ではなかろうか。

こうした日本社会における人口減少社会の背景について、第四章の「日本型人口減少社会」と地方自治では、経済と人口の変化の関係についてのいくつかの理論を紹介しながら、解説がなされている。まず、この章で問いかけられるのは「人口とは何か」ということである。はじめに筆者は日本の特徴として、人口が戦後の期間、急増・急減している点をあげ、特に人口の急増による経済・雇用への影響が「護送船団方式」といったことばに表される戦後の「日本型資本主義」を形成としたとしている。本章では、日本の状況を比較するために、他国の状況としてアメリカ、ヨーロッパ、韓国、シンガポールの例があげているが、まず、筆者が紹介するヨーロッパの事例についてみよう。ヨーロッパ諸国における移民の影響は多くが知るところであるが、ヨーロッパの場合、そこに超国家としてのEUの存在があり、EUを構成する国家間で繰り広げられる移民受け入れに対する政策の違いがEUそのものの存在にも大いに影響を与えている現状がある。そこでは、「人口」イコール純粋に「人間」にはならないという私たち「人間」の複雑なエゴを見せつけられる。そういった軋轢の解決のために「政治」の必要性、「政治」の意義を確認する必要があるのである。

一方、日本より出生率の低いシンガポールについての指摘は興味深い。シンガポールの特徴としてあげられているのが、「国境を超える経済圏」の仕組みであり、関税をはじめとした税金の安さによる労働力の確保、活発な欧米企業の投資による人の行き来が絶えない仕組みによって「出席率の低下が人口減に影響しないメカニズム」が確立されている点であるという。シンガポールは、人口が国家の経済活動に直結する資本主義社会において、「人口」を構成するアクターを「人間」そのものと捉え、出生率で測るという「生」を生み出す「性」である女性のみに何かを押し付けるような議論を遠ざける点で、日本の今後の議論に大いに参考になる。こうしたグローバルな視点からの「人口」をめぐる議論は重要である。

つづいて、日本と日本の地域における「人口」の議論についても筆者は論及する。ここでは、おおよその部分が、国が進める「地方創生」の批判で占められ、こうした「批判」も多くの論者によって共有されているものである。そうした中で評者がとくに共感する点は、グローバルな視点でみる「人口」の問題としての移民政策への問いと同時進行でローカルな視点における各々の自治体の「人口」の増加のための人口の奪い合い、筆者の言葉を借りれば「人口減少の中での争奪競争」が行われている点への批判である。そればかりか、その政策の主体が国であり、まるで自治体が国の政策に踊らされているようにみえる。似たような構造は、「平成の大合併」でも見受けられたのであり、地方創生という国策によって、一〇数年後に自らの決断に自治体が後悔することが繰り返される懸念が生じる。単純に「また同じことが起きた」ということで諦めていいことではないし、同じ過ちが繰り返されてはならない。つまるところ、自治体自らが、「器」としての自治体とは何かということに自ら答えを出し切れていないことにその問題の本質があるのである。その「器」の中身とは決して、「人口」だけではないし、まして「人口を増加させる」ことにのみ答えがあるわけではないことは、「平成の大合併」で多くの自治体が学んだはずである。もし、こうしたことが繰り返されるとすれば、自治体は「平成の大合併」を経てもなお、自治体自らの在り方について学びきれていないということであろうか。もちろん、自治体の在り方と「人口」規模が切っても切れないものであることは十分理解できる。しかし、自治体における「人口」規模以外の多くの価値について、住民、自治体が自ら見つけ出すことはできないのか。そうした疑問や不安について、筆者には、未だ多くの自治体が「地方自治の再発見」ができていないという憂いがあるのである。

バーバラ・タックマンの『八月の砲声』、ロバート・ケネディの回顧録『一三日間』、E・H・カーの『危機の二〇年』、『ブッシュの戦争』…これらは、終章「二一世紀を生きる」で紹介された映画や歴史書である。これら作品を引喩的に用いることで、筆者は過去の世界的危機から現在の暗たんたる世界の状況を描き出している。だが、それだけでなく、過去の政治家たちと比較した時、近年の政治家たちの自らの直感や主観のみに基づく政治的決断の仕方の末恐ろしさが際立つ。筆者はこうした時代を「何が起こるかわからない」時代と評している。言うまでもなく、こうした政治的決断は、民主的手法すなわち議論の過程を軽視したものであり、筆者は「対話デモクラシー」への希望を強調する。対話という行為は、「向かい合って話すこと」（広辞苑）であり、それは議論より、さらに人間同士の関係を深めた印象をうけ、民主主義の新たなステップであると評者は考える。その意味で、筆者が述べるように「対話の文化をつくるいちばんの基本的社会的ベースは、地域社会。コミュニティで」あり、対話して合意をつくることを学ぶのが地方自治というしくみ」なのである。ここにこそ「地方自治の再発見」の意味があるといえるだろう。

補遺として収録されている「地方自治と私」は日本地方自治学会研究大会において行われた講演を再集録したものであり、本書において展開されている筆者の「地方自治論」のベースとなっている考え方を包括的に示したものであり、本書を読み解く前提として、あらためて興味深く読みなおしたい。

最後に、一点述べておきたい。本書で述べられている「不安と混迷の時代」を考える時、果たしてそれは、人間の政治経済や社会的活動のみによってもたらされるものなのであろうか。それというのも、私たち人間の社会的活動にはどうしても逆らえない自然現象というものがあり、地球規模ならば温暖化は急務の課題であり、それらをめぐって、国家間の政治と経済等に及ぶ多様な「妥協」が今求められているように思う。国内に目を向ければ、日本は世界的に見ても深刻な災害大国であり、東日本大震災をあげるまでもなく、災害に苦しみ、異常気象にさいなまれる。東日本大震災という、人智の力をはるかに超えたどうしようもない現状を見せつけられ、日本の自治体にはこれへの対応が急務となっている。その意味では、日本こそ「何が起こるかわからない」状況に置かれた国といえるだろう。こうした災害に対して、国家レベルでの対応が重要であることは当然としても、自治体行政や地域住民による取り組みがなければ、安全な地域社会は構築できない。だからこそ、日本の地方自治にとって、激甚災害という「不安と混迷」への対処は避けて通れないはずだ。国家や世界規模での政治・経済の在り方との関係で地方自治を再発見することと同時に、災害対応に代表される地域課題、人口減少や少子高齢化といった課題解決を進めることの具体的な政策論の中から、地方自治について再発見することが必要であろう。

本稿は、平成時代の大半を学生として過ごした評者が、政治学、地方自治の研究者として大きな業績を残し続けておられる大先輩の加茂先生の胸を借りるような書評となった。こうした機会をいただけたことを日本地方自治学会に感謝し、今後も加茂先生がお元気で研究を発展され後進に多くのご示唆をいただけることをお願いしたい。また、この書評をきっかけとして「地方自治の再発見」について多くの研究者あるいは自治体現場のみなさんと語り合う機会が得られれば幸いである。

〔本書は、自治体研究社、二〇一七年刊
定価（本体二二〇〇円＋税）〕

《書評》

山口道昭著、北村喜宣・山口道昭・出石稔編『福祉行政の基礎』

長野　基
（首都大学東京）

一　はじめに

日本の福祉施策は基本的には国と地方の財源ミックスにより成立している。ナショナル・ミニマムを担保するために、ある意味でやむを得ない面であるが、結果として、国の政策を自治体が実施する体系が構築されてきた。「国・自治体を通じた社会福祉制度」である。しかし、高齢化という人口構造の変化からの圧力により、そして、法的には二〇〇〇年の第一次地方分権改革と社会福祉の基礎構造改革をターニングポイントとして大きく変わってきた。そうした潮流と現在の制度運用を行政法学（政策法務）と行政学の知見を活用して「自治体が執行する事務」の視点から（Ⅴ頁）捉えなおそうとするのが本書である。以下、各章の内容を紹介し、最後に、その意義を考察してみたい。

二　本書の内容

1　第一章　社会福祉と行政法

導入としての本章では二つのテーマが整理される。第一は本書が扱う領域である。本書は「自治体が固有の資格に基づいて」（六頁）行う「社会福祉行政」が対象であり、民間と同等の立場でサービス供給する「事業」は対象外とされる。そして、章の題目である「社会福祉」を、金銭給付が中核となる「社会保障」に対して、対人サービス提供によるものという切り分けで提示される。

第二のテーマは本書の〝歴史観〟としての「福祉国家」の変遷である。ヨーロッパの文脈では、一九世紀の夜警国家から、一九世紀末から第一次世界大戦期のニューリベラリズム、第二次大戦後の福祉国家の確立、そして、一九七〇年代のオイルショック後のネオリベラリズムの登場により、福祉サービスの民間供給・利用者負担を重視する「福祉国家から福祉社会へ」という見取り図が描ける。

一方、日本では、第二次大戦後の福祉関係法令（福祉八法）の整備が制度確立期となり、経済成長と共に一九九〇年代初頭までは一貫してサービス提供領域を拡大してきた。この中の中核にあったのは自治体によるサービス提供であった。それが経済の低成長化と高齢化の進展の中で、サービス主体の民間化という提供主体の変化が生じ、その一方、二〇〇〇年代には、各種虐待防止関係法の制定に代表されるように、従来は「家庭内の問題」として処理された事柄に自治体の行政機関が介入することで権利擁護を図る新しい領域が拡大してきたことが概説される。

2　第二章　社会福祉に関する行政手法

本章が取り上げるテーマは三つである。第一が福祉サービスの対象者、第二がサービスの提供方法、第三が社会福祉行政推進に関わる各種アクターである。はじめに、生活保護法、児童福祉法など、それぞれの法律に基づく対象者の定義が一覧で示され、それに対するサービス提供内容が在宅福祉サービスと通所型福祉サービスの区分で概説される。そして、第一章でも注目された新たな福祉サービスとしての虐待防止・対応の領域で共通してみられる行政による介入の制度（住民の通告義務の設定、児童相談所職員等による立ち入り調査権限など）が解説される。

本章中盤ではサービス提供に当たって利用者、提供事業者、行政機関との間で成立する金銭（費用）とサービスの流れの様々な類型が解説される。日本の社会福祉行政の基礎となった「措置制度」の下での「直営方式」と「措置委託方式」、権力行為としての「措置」とは異なる「利用制度」に区分される「行政との契約方式」、「給付費支給方式」、「民間事業者への事業費補助方式」、「介護保険方式」、そして、保育所入所が典型となる「行政が関与する利用手続き」である。また、生活資金の「貸付」もセーフティネットを機能させるうえでの重要な手段として解説される。ただ、こうした貸付は経済的困窮から返済不能（不良債権化）となることを一定程度見込めざるを得ず、債権放棄（「免除」）も福祉施策としては必要となる。こうした債券放棄にあたって、現在は社会福祉協議会を貸付の実施主体とすることで自治体議会の議決を回避する構造となっている。本章では行政が直接実施し、議会への説明を増やすことでのアカウンタビリティの向上が提案されている。

本章後半では社会福祉行政に関わる各種アクターと機関が概観される。取り上げられる機関は審議会と社会福祉協議会である。審議会は自治体計画策定における参加の場として従来から活用されてきたが、本章では福祉サービス、特に自治体立福祉施設の民間委託化の進展を背景に、指定管理者選定評価委員会や福祉サービス第三者事業評価推進委員会などが担う評価機能を担う審議会組織の重要性が拡大していることに注意が喚起されている。また、合わせて法律が自治体に策定を求める各種の行政計画も概観される。ここでは自治体における政策体系を構築する総合計画といわゆる「縦割り」での福祉関係計画の調整問題が〝自治の課題〟として指摘されている。

3　第三章　社会福祉行政法の種類

本章では社会福祉関係の法律が分野別に基幹となる法律とそれを補佐する法律のセットに整理され、体系的な概説が行われている。取り上げられる政策体系は①生活困窮者対策行政法（生活保護法、生活困窮者自立支援法、子どもの貧困対策の推進に関する法律）、②児童福祉行政法（児童福祉法、次世代育成支援対策推進法および少子化社会対策基本法、児童虐待防止法、認定こども園法、子ども・子育て支援法）、③障害者福祉行政法（身体障害者福祉法、知的障害者福祉法、精神保健福祉法、障害者基本法、発達障害者支援法、障害者総合支援法、障害者虐待防止法）、④高齢者福祉行政法（老人福祉法、高齢者の医療の確保に関する法律、介護保険法、高齢者虐待防止法）、⑤ひとり親・寡婦福祉行政法、⑥地域福祉行政法（社会福祉法、民生委員法）、⑦地域医療行政法の七分野である。

解説では法律の改正経緯（政権交代などを含む）、当該福祉サービス対象者の変遷とサービス提供方法の変化に焦点が当てられており、生活保護行政の出発点となった恤救規則（一八七四年）以来、どのようにして福祉政策体系が発展してきたかの理解を助けるものとなっている。第八章でも触れられる「ストリートレベルの官僚制」の議論では〝ルールのジャングル〟においてルールを適用する行政職員の裁量の問題─サービス対象者の自立（生活）と自治体としての財政負担回避というある面では矛盾する要素を追う上で、どの法律の下で、どの給付を組み合わせるのが適切かを判断する専門性の問題とも換言できる─が研究対象の一つではあるが、本章が示すものは、まさに〝ジャングル〟そのものである。

4　第四章　社会福祉行政の動向

本章では二〇〇〇年代に社会福祉行政にもたらされた制度とアクター間の関係性における変化を五つのトピックで分けて概説される。第一は社会福祉基礎構造改革である。規制緩和による在宅福祉サービス事業者参入促進（量の確保）、事業者の自己評価や情報公開の義務付けによる透明性の確保（質の向上）、地域福祉権利擁護制度や福祉サービスでの苦情・紛争調整機能（都道府県社協の運営適正化委員会）の創設によるサービス利用者の権利確保が主な柱となる。そして、これらの前提となっているものが、「措置」制度から「契約」に基づくサービス提供への転換であった。

第二は福祉サービスにかかるカネの流れである。福祉サービスは自治体に対する国庫負担金と国庫補助金が、そして、その相似形として都道府県負担金と同補助金が市町村に提供され、サービスが成立している。負担金と補助金とでは〝自治に対する位置づけ〟が異なるが、著者の指摘では「自治体の福祉部局では、負担金と補助金とを明確に分けて検討することは滅多にない」。「福祉部局の「法よりも金」指向」（一四七頁）が批判的に論じられるのであった。また、保険制度（国民健康保険、介護保険）に対する税金投入の内容も概説される。

第三が行政の許認可等を通じた福祉サービス提供における行政の関与・責任である。換言すれば、どの場合には行政側の責任は〝免除〟されるのか、でもある。指定管理者制度や民間委託の推進等により民間事業者と行政機関との関係が変化する中、福祉サービスの提供方式の類型別にみる行政の関与・責任の内容が概説される。

第四のトピックは規制緩和によりもたらされた社会福祉法人と営利法人との差異の縮減である。子ども・子育て新制度での民間企業による保育所運営が典型となる。

そして、第五が行政側からみて「エージェント」となる主体との「距離」の問題である。検討されるのは社会福祉協議会と民生・児童委員である。社会福祉協議会は地域コミュニティにおけるソーシャルワークなど、住民に密着した活動を担う役割を担うが、法規上、組織役員に行政機関職員が就任する構成であり、職員も行政からの出向で在籍している事例が多いという中で、〝行政との「距離」〟という表現で複雑な関係のマネジメントへの注意を喚起されている。また、福祉サービスでは地域で活動する民生・児童委員の活動も大切なものとなるが、高齢化と旧来型中産階層の縮減という社会構造の変化の中で担い手不足に直面している。なお、著者の分析では、民生・児童委員が都道府県の特別職地方公務員として扱われている現行制度運用には法的な問題があるという。この特別職地方公務員としての民生・児童委員の位置づけへの疑問は本書を通じて度々言及されている。

5　第五章　社会福祉行政と地方分権

本章では社会福祉行政において行われた一九八〇年代の機関委任事務の一部団体事務化、一九九〇年代末の第一次分権改革と二〇〇〇年代の第二次分権改革での、国から地方へ、そして、都道府県から市町村への権限移譲と自由化の動向を振り返りながら、自治体の対応が論じられている。この中では、分権化へは自治体側の取組みが受動的な対応であった側面が多かったこと、そもそも、こうした地方分権が社会福祉の基礎構造改革と同時期に進行したのは「国の財政負担回避」だったことに注意が促されている。

そして、理論的には足立忠夫の「本人―代理人モデル」に基づく「責任の体系」（任務責任・応答責任・弁明的責任・制裁的責任）の考え方に依拠して、国と自治体の関係の変化（地方分権改革の影響）が考察されている。先述の受動的対応とは「委任の内容を変更するのが地方分権である。一方、任務の遂行方法は、地方分権が推進され自治体に事務の実施権限が委譲されても、大きな変化が無かった」（一八四頁）ということでもある。

現行法令に基づけば国の基準に基づき実施したがゆえに発生した福祉サービス受給者からの訴訟への対応も自治体が行ってゆかなければならない。しかし、権限移譲・活動領域の拡大（本章では「量の分権」）と自由化（同「質の分権」）を受けて、自治体が「国の代理人から脱却し、市民の代理人の立場に徹しようとするとき、どのような責任をどのように果たしてゆくのかが、重要な論点となる」（一九三頁）というのが著者のメッセージである。

6　第六章　社会福祉行政と住民参加

本章では社会福祉分野における住民参加が解説されている。第一は計画策定における住民参加である。地域福祉計画、障害者福祉計画、子供・子育て支援事業計画など、各根拠法が計画策定・改定における住民参加を自治体に求める取り組みがあり、それらは自治体が定める自治基本条例・市民参加条例により相補される関係である。法の規定が努力義務であったとしても自治体としてなおざりにすることが無いよう注意が喚起されている。

次に社会福祉行政における住民参加を「住民信託と市民協働」という観点で捉え、そこにおける「主権者住民」「公務住民」「対象住民」の視点が提示される。「公務住民」によるサービス提供では「住民主体型」「住民協働型」「委任型」の三類型が示され、それに対する行政側からの支援制度の実例が整理されている。また、先記の計画策定での参加と一部重複するが「対象住民」からの声の反映に自治体としての工夫が求められることが論じられている。

住民参加における第三の視点が「対象住民」の権利擁護である。「措置」から「契約」への福祉制度の変化の中で、当事者が契約を適切に結べるようにするため、ということに加え、福祉サービスの受給者という「社会的弱者」に対する「社会的包摂」を実現するためにも権利擁護を重要であることが説かれる。成年後見制度の変遷や、介護保険制度におけるケア・マネジャーの役割、自治体が条例で設置する「福祉オンブズマン制度」の概説、そして、政策法務の一つの事例として福祉サービス受給者の個人情報を災害時支援（災害対策法に基づく避難行動要支援者名簿）にも活用できるようにする安全・安心条例の制定など、権利擁護のための多面的なアプローチが示される。

7　第七章　日本の社会福祉の特徴

本章では三つの切り口から「日本型福祉（社会）」の特徴が解説される。第一は公的介護保険が導入される前の時代に「日本型福祉」の「アセット」として論じられていた「家族福祉」（家族介護）と「企業福祉」の福祉制度への〝組み入れ〟の状況である。前者は核家族化と高齢化で、後者はグローバル競争の中でスリム化されるなかで機能を減退せざるを得なかった。「日本型福祉」言説の柱であった「社会保障施策を自助努力や家庭福祉が機能しない場合の補完」という位置づけのみが皮肉なことに財政難から変わらない姿であり続けている。なお、ここでは家族介護を介護保険制度の枠内で行い〝介護手当〟を得る条件なども整理されている。

第二に考察されるのは福祉サービスにおける「申請主義」である。生活保護行政に見られるように職権で権力的に実施される領域も一部には存在するが、日本の自治体による福祉サービスは基本的に本人（あるいは家族）からの「申請」に基づく。著者によれば、サービスの「申請」書と「申込」書では法的には権利救済に差異が生じる可能性がある一方、実際にはそうした違いがほとんど意識されずに運用されているという。申請者に対する法的権利救済の必要性と、資源制約によるサービス提供の物理的限界というディレンマには答えが出ない側面があるが、少なくとも、住民に不利が無いよう十分に情報提供を行う共に、どの範囲を救済範囲とするのか自治体としての一貫した対応を構築できるよう政策法務としての検討を促している。

そして、第三に論じられるものは今日の社会保険制度の中核ともいえる国民健康保険と介護保険における公費負担の状況である。筆者の表現では「保険的な要素を取り入れた社会保障」として表される「保険制度」ではあるが国・地方自治体の一般会計からの（広い意味での場合を含む）「繰り出し」で運用されている実態を解説しながら、「事業実施の可否は保険料の上げ下げによって決定するのではなく、国庫補助の対象になるかどうかで判断されている」という施策立案の「思考パターン」への注意を促す。「財政面での地方分権」とそのガバナンスのための住民参加（住民自治）の必要性が筆者のメッセージである。

自治体行政として提供される社会福祉サービスに従事する「ストリートレベルの行政職員」（官僚制）を考察する本章は、生活保護行政のケースワーカー（社会福祉法での「現業を行う所員」）が取り上げられる。タイトルからも明らかなように基層としての問題意識はM・リプスキー（一九八六）が提起する「ストリートレベルの官僚制」が持つ裁量性とリソースの制約からくるディレンマ、そして専門性の問題である。

生活保護行政のケースワーカーには対象者である受給者の生活の自立を手助けするために様々なリソース（提供主体）をつなぎ合わせ、コーディネーションを実現する「福祉の専門性」（本章では「専門知」）と、行政官僚組織の一員として法令の適切な執行や行政組織内の組織・人間関係を処理する「行政官僚しての専門性」（同「現場知」）が求められる。こうした専門性が求められる職であるが、本章が示すところでは、実際には、一般事務職で採用された職員の人事ローテーション（本章で参照される厚生労働省「福祉事務所現況調査」が示すところでは、おおよそ四年で担当が入れ替わる）職場であり、専門性を担保する一つの目安である「社会福祉主事」資格も資格取得のハードルが低いことから、資格保持が必ずしも専門性を担保するものとなっていない。しかも、現場の職員からはその職務の大変さから忌避されることも多く、結果として新人職員が投入される事例が多い。

本章では福祉職でのケースワーカー採用を唱道しつつも、言わば「素人」ケースワーカーで現場が構成されているという現実を踏まえて、担当行政職員のバーンアウトを防ぐ教育・指導の必要性が論じられると共に、実際に神奈川県川崎市で発生してしまった事件を題材にしながら、現場でつかむ「危機の兆候」をいち早く職場全体で共有できる仕組みづくりと組織と組織をつなぐ職員（本章ではホーソン実験で示されるインフォーマルなリーダーシップなのか、フォーマルな管理職職員の能力かまでは明示されていないが）の必要性が論じられている。

三　おわりに

「本書の目指すものは社会福祉行政の「大づかみな理解」とその運用実態の観察（および若干の提言）」（ⅷ頁）とされる。川崎市役所で生活保護のケースワーカーのご経験も持つ著者により、「自治・分権」を一貫した視点として実に簡潔に提示され、この目標は達成されているといえよう。

一方、それが故にやむを得ないことであるがスキップされている領域も存在する。たとえば、「主に都道府県が実施している監査・監督業務についても取り上げない」（三頁）とされ、市町村による〝サーベイランスの行政〟はあまり触れられてない。ただ、市町村レベルでも福祉サービス提供事業体への監査・評価業務の比重は拡大しつつあり、本書評執筆時点での保育料の無償化施策の動向を見れば、保育の質の担保に向けた市町村による保育施設への監査・監督業務の事務量拡大が見込まれてもいる。

最後に、本書のシリーズは「若手・中堅と呼ばれる自治体職員を主たる読者対象」（ⅱ頁）として企画されたとされるが、そうした読者に問われることは、本書で学んだことを踏まえた「その次」を、どのように、自らの職場・地域で構想し、実施してゆくか、ということであろう。

一例をあげれば、本書では自治体計画策定における住民参加の創意工夫が呼びかけられているが、計画の評価における住民参加、すなわち「Co-assessment」（Nabatchi et al.2017）も重要な取り組みであることは間違いない。この点で近年では福祉関係計画へ「参加型評価」（源編著二〇一六）の取組みも行われようとしている。では、どのような参加のプログラムを組むことが福祉サービス受給者の「社会的包摂」を実現してゆく意味を含めて、当該自治体にとって有効だろうか。
また、「民間事業者に参入してもらうためのインセンティブ設計」にも自治体単位で可能な余地が存在しよう。介護保険制度など、国による公的資金枠組みが整えられた領域では、人口が集中し、市場として有望な都市部においては提供事業者の参入が見込めるわけだが、しかし、福祉サービスへのニーズは、まさに個別対応であるがゆえに多様な「ニッチ」の領域を持たざるを得ない。では、参入が生じていない領域や地域ではどうするのか。どのように提供主体の育成・エンカレッジメントを図るのか。あるいは、「ニッチ」に立ち向かおうとする市民・企業の発意を受け止める自治体には、どのような智慧(イノベーション)が求められるのか。「休眠預金等活用法」による資金という福祉サービスを巡る新たな資金源が登場しようとする今日、これらは本書を受け取る読者への「宿題」ということであろう。

参考文献

源由理子編著(二〇一六)『参加型評価―改善と変革のための評価の実践』晃洋書房
リプスキー・M.(一九八六)『行政サービスのディレンマ―ストリート・レベルの官僚制』木鐸社
Nabatchi, T., Sancino, A., & Sicilia, M. (2017). Varieties of Participation in Public Services: The Who, When, and What of Coproduction. Public Administration Review, 77(5), 766–776

〔本書は、有斐閣、二〇一六年刊
定価(本体二一〇〇円+税)〕

《書評》

榊原秀訓著『地方自治の危機と法』

庄村勇人
（名城大学）

一　はじめに

二〇一四年のいわゆる「増田レポート」によるわが国の「人口減少」の見通しとそれに伴う「消滅可能性都市」の公表以降、これを「わが国の危機」としたうえで、政府主導で、地方制度の「改革」が進められている。「まち・ひと・しごと創生法」（二〇一四年）や「都市再生特別措置法」改正（二〇一八年）のように既に法律レベルで「具体化」されたものもあれば、自治体戦略二〇四〇構想研究会（総務省）やそれをうけた第三二次地方制度調査会（総務省）など、現在進行形で「改革」が進められているものもある。そこでは「スマート自治体」、「圏域マネジメントと二層制の柔軟化」など地方自治の観点から見過せない政策が矢継ぎ早にかつ「上から」の改革として進められており、地方自治を守り育てる視点からはこれらを厳しく評価していく必要がある。

さて、これら政府の行う施策の意味を正確に理解するためには、それに至るまでの「地方分権改革」の意味や問題点を踏まえるべきであろう。表面的に「地方自治の拡充」を謳い、実質的には地方自治を破壊する「改革」がこれまでも行われてきたからである。本書は、そのような地方自治を破壊する「改革」に対抗し、あるべき地方自治の確立に向けて法学者として正面から向き合ってきた研究成果であり、今次「改革」を正しく評価する上でも重要な一冊である。すなわち本書は、筆者が、特に第一次分権改革後の地方自治に関わる「改革」について分析した成果を「再構成してまとめたもの」であるが、その期間には地方自治に対して大きく「三つの脅威」（ポピュリズム・行政民間化・地方分権改革）が生じているとする。その上で「三つの脅威」と「緊張関係にある憲法的価値、さらにはそれを背景に有する基本的な法的価値との緊張関係を認識し、地方自治を破壊しようとする動きには、断固として対峙」し、「違憲とされる立法の制定が行われる現状ではあるが、立憲主義のようなより基本的な法的価値の重要性を考え、その価値を広げていく」（四―五頁）との観点から、第一次分権改革後の「改革」の法的分析を試みるものである。

具体的な構成としては、「はしがき」、「第Ⅰ部　ポピュリズムの脅威と民主主義」、「第Ⅱ部　行政民間化の脅威と行政サービスの価値」、「第Ⅲ部　地方分権改革の脅威と地方自治の保障」、「本書のまとめ」である。以下では各章ごとにその内容をみていきたい。

二　第Ⅰ部　ポピュリズムの脅威と民主主義

第一章は、大阪市や名古屋市等において見られるポピュリズムについて「公法学的視点から民主主義に関わる現状分析」を行うことを通じて、とりわけ自治体現場において民主主義や立憲主義に挑戦的なポピュリズムが実践されていることを明らかにする。

すなわち、ポピュリズムを「政治スタイル」や「政治手法」と理解する従来の政治学、公法学の視点を踏まえたうえで、わが国の現在の「ポピュリズム」では、「選挙独裁」とも言われる「選挙による『白紙委任』の強調」がされること、「(新) 保守主義的・新自由主義的な性格が強い」こと、自治体は二元代表制であるがゆえに「強い首長と弱い議会」という状況が生じていることを指摘する。

特に、「選挙独裁」的発想から、議会内閣制の導入（大阪市）、議員のボランティア化・定数削減（名古屋市、阿久根市）といった「政策的妥当性に問題」のある提案がされている状況を指摘する。さらに大阪市では、本来政治的中立性・公正性が要求される行政委員会制度の見直し、地方公務員法との乖離が指摘される幹部公務員の政治的任用、「公務員のアイヒマン化」をもたらしかねない人事評価を通じた成果主義による統制、地方公務員の政治的行為の制限違反に対する罰則の条例化の動き、プレビシット的な首長提案の住民投票等、首長権限の強化が露骨に目指されてきた。かかる「選挙独裁」への処方箋として、イギリスでは「地方分権、人権法制定、国会改革、裁判所改革」といった形で「立憲主義、自由主義、その制度的具体化としての権力分立といったことに焦点を当て、人権保障を具体化する」（一九頁）改革がされている経験を紹介し、「政治部門においても立憲主義の価値を尊重」させ、「討議民主主義」に基づく参加制度への課題を指摘する。

第二章は、一部のポピュリズムの立場に立つ首長と議会との対立関係の中で議論されてきた「改革」論議について考察する。「二元代表制」がもともとは革新自治体における議会多数派による「議会軽視」批判に対して主張された議論であることから、「議会内閣制」については肯定的意見もあるとするものの、憲法は「議会（議員）と首長との関係は、緊張関係」を「重視している」としてこれに消極的立場を示す。さらに、それが仮に憲法上許されるとしても、政策的にも首長と議会の「ねじれ」による政策的対立の発生はむしろ望ましい場合もあり得る、との意見を紹介した上で、「わが国の文脈で提案された議会内閣制は、議員の役割の積極化を含むものの、実際には、公選首長をトップにした首長優位型の改革モデル」（四〇頁）と評価し、「すでに首長優位の実態と議会優位の法制度的理念との乖離がある中」では、適切な改革モデルではないとする。以上を前提に、筆者は、適切な地方議会の改革モデルを考察する。そこでは、住民の役割について、議会への参加の重視、さらに行政への住民参加制度を監視する仕組みも重要であるとする。

第三章は、「直接民主主義」や「討議民主主義」の観点からパブリックコメント制度と住民投票制度について考察する。まず、議論の前提として本秀紀教授の議論に触れる。すなわち、統治機構内部の民主主義をめぐるコミュニケーションの場を「制度的公共圏」とし、他方で市民社会内部のそれを「非制度的公共圏」とした上で、その両者の連結如何の考察によって「民主主義をより民主主義的なものにする憲法理論を構築」すべきこと、そして「『制度的民主主義』が『非制度的公共圏』における熟議を通じた意思形成に支えられなければならない」とする議論を参照する。その上で筆者は、「『制度的公共圏』の民主化をはかることとは別に、『制度的公共圏』と『非制度的公共圏』における熟議（討議）の関係をどのように考えるか」が問題とし、両者を「切り離して自由な熟議（討議）を確保する」とする議論もあれば、逆に「制度的公共圏における熟議（討議）を非制度的公共圏における熟議（討議）につなげる」議論もあることを指摘し、討議民主主義に基づく参加制度もこのようなものと位置付けるべきとする（五三頁）。ここでは多様で複合的な参加の意義が問題とされ、議会自身の市民参加の強化や議会自らによるパブリックコメントのように、「首長と議会が互いに非制度的公共圏における熟議（討議）を活かしつつ対抗あるいは競争する」ことを積極的に評価する（五四頁）。

以上を前提に、現状のパブリックコメント制度については、その対象の限定や除外、提出期間の短さ、回答の方法など制度上の問題の存在が制度の機能不全につながっている点を指摘しつつ「審議会や公聴会と併用」する「多様で多重的な市民参加の実施」をすべきとする。他方、住民投票に関しては投票による多数決の決定との意義だけでなく、「争点の明確化」、「情報の共有」、「勉強し、知識を深めること」等、討議民主主義としての意義を確認する。

第四章は、自治体の総合計画策定場面を題材に「協働」型とは区別されるべき「討議」型参加制度としての「多人数市民参加制度」について、制度設定や運用のあり方を考察する。公募に基づく参加制度は、参加の範囲が大きく、討議に重点を置く点で討議民主主義と共通点を多く有し積極的評価をする一方で、無作為抽出に基づく参加制度と比較すると、参加者の多様性確保、夜間開催の可能性、ファシリテーターの役割、情報提供の方法、合意形成のあり方、参加結果の計画への反映、複数の参加制度間の調整など工夫が必要とする。さらに議会の統制との関係でも、総合計画を単に議決事項にするだけでは不十分であり、修正案、対抗案などの提出も含め、議会が積極的に総合計画に関わるべきことが指摘される。

三　第Ⅱ部　行政民間化の脅威と行政サービスの価値

第五章は、「ＮＰＭ手法に基づく事務事業の見直し」としての「行政評価制度」や「事業仕分け」といった手法について、批判的に検討する。一九九〇年代以降、行政の「内部的民営化」の一つとしての行政評価制度による評価、またその評価結果を踏まえた「外部的民営化」が行われてきた。特に二〇〇九年の政権交代以降の構想日本のモデルに基づく「事業仕分け」は、仕分けをする側に「多様性」がなく、対象事業選択も困難であり、短い議論しか経ず、そして結果についても「みせかけ」で終わる、また議会統制との関係も未整理、との評価を行う。構想日本のモデルを修正し討議民主主義型の参加を導入した例もあるが、住民自治の理念からは、議員が執行機関へ近づける形ではなく、「住民参加を強め」、「それぞれの事務事業にかかわる専門機関、専門家のサポートを得ながら、利害関係者を含む住民の意見を踏まえた実効的な議会の民主的統制ができるよう、議会改革の中でそのあり方を検討していくこと」が必要とする（一〇六頁）。

第六章は、行政民間化と並行して行われてきた「地方公務員の縮小」と「給与の削減」問題について考察する。特に給与に関しては、二〇〇六年と二〇一四年に総務省の研究会の報告書などによる「給与構造改革」として、「国家公務員準拠」ではなく給与水準についての「民間準拠」の考え方が示され、他方「昇給」に関しては、「給与構造改革」によって、国家公務員に準じて、従来の普通昇給と特別昇給の二分法を廃止し、人事評価制度を通じた「勤務実績の給与（昇給、勤勉手当）への反映」を「速やかに進めていく必要」があるとされた点等を紹介する。「給与構造改革」においては人事委員会についてもその役割の重要性が指摘されたが、それは「給与抑制のために、その機能の発揮や強化が期待」されたものと批判する。このような、「給与構造改革」に基づく地方公務員の給与改革は、「民間準拠」の名の下に、人件費抑制・削減を目的とし、「実際の運用においても総務省の強力な指導」の下に行われている点で地方自治保障の観点から大きな問題をはらんでいるとする。

第七章は、地方公務員法の二〇一四年「改正」部分のうち、「人事評価制度」の部分について考察する。国家公務員法においても二〇〇七年に同様の「改正」が行われており、それまで行われていた勤務評定と対比して、人事評価は「客観性・透明性」があること等そのメリットが強調されることもあるが、他方で、「数値目標だけが重視される」「短期の評価で業務実態に合わない」「人材育成の視点がほとんどない」など厳しい評価があることを紹介する。また、「相対評価」については、国の報告書（二〇一一年）と異なり、「より大きな問題」を生じさせるとして批判する。この点は人事評価結果の給与等への「活用」の場面でも同様であり、人件費制約・削減を前提に昇給に一定割合の段階分けをして人事評価を活用しようとすると、仮に絶対評価を取っていたとしても実際は相対評価となり、職員のモチベーション維持等に深刻な影響を与えることも指摘される。そして、人事評価の運用如何によっては公務員が「アイヒマン化」することも危惧する。

第八章は、イギリスでの「市場化テスト」での経験をもとにわが国の行政民間化について批判的に考察する。わが国の行政民間化はイギリスのＮＰＭを一つのモデルとするが、イギリスでの経験を正確に踏まえているわけではない。特に「営業譲渡（雇用保護）規則（ＴＵＰＥ）」のように労働者を犠牲に民間企業が営利を得ることは否定されていること、ブレア政権下では行政民間化の継続にもかかわらず公務員の数は増えていること、強制官民競争入札（ＣＣＴ）についても必ずしも最低価格の者が応札するわけでなく、そしてイギリスの非常勤労働者には同一価値同一賃金原則が徹底されることもわが国では正確には語られていないこと、などを指摘する。むしろ国際的動向としては、直営の方がコスト節約できかつ効率的で、自治体の制御も強化可能、公益の効果的達成等の理由から、「インソーシング」が行われていることを強調する。

四　第Ⅲ部　地方分権改革の脅威と地方自治の保障

第九章は、この間行われてきた「地方分権改革」による「自治体の規模拡大」および「自治体間連携」の動きについて考察する。「所掌事務の拡大路線」と「自由度の拡大路線」という二つの路線があるとされるこの間の「地方分権改革」において、本章は前者に関するものとして、第一〇章の「義務付け枠付けの見直し」は後者に位置付けられる。

さて、「自治体の規模拡大」に関しては平成の大合併時の「適正規模」論、また「総合行政主体」論とセットになった「補完性原理」の考え方があるが、本章ではこれを批判的に考察する。特に「補完性原理」はかつては「自治権侵害への対抗」概念として利用されていたものが、今次の「改革」では「基礎自治体への事務の押し付け」の脈略で使われていることを指摘する。また規模が拡大した自治体への権限移譲についても、移譲を受ける側が人員削減や専門職員の不在等十分に対応できない場合もあり、権限移譲の妥当性自体を問題とする。

その後の第三〇次地制調答申等をうけた地方自治法改正における「連携協約」制度と「事務の代替執行」については、一見すると上記「総合行政主体」論からの脱却とも見えるが、「公益上必要がある場合」（地自法二五一条の三の二）に連携協約をすべきことの勧告制度や、「連携中枢都市圏」につき連携協約は「必ず活用されるもの」とされ「迂回路」として連携協約を利用し、道州制における広域「基礎自治体」を作りだそうとしているとしてこれを批判する。その上で、かかる場面においても地方議会や住民の意見の反映の重要性を説いている。

第一〇章は、保育所設備運営基準に関わる法制度を素材に、「自由度の拡大路線」としての「分権改革」の虚偽性を鋭く指摘する。すなわち厚生労働省令上の基準としての「人員配置基準、居室の床面積基準」は、従来「従うべき基準」であったのが、児童福祉法改正に伴う改正後は「標準」として位置付けられ、条例で異なる内容を定められることが可能となった。この意味について、一見、自治体の「自己決定権」を拡充するものと見えるが、その内実は「地方分権改革の名における社会権の切り下げ」であり、政令における国の基準を通じた「ナショナルミニマム」の確保を放棄したものとして厳しく批判する。さらに、条例で国基準を下回る基準を設けることが「自治体住民の選択」との説明については、首長・議会と住民との選択は異なること、住民投票を経ていないのに安易に住民の意見とはいえないことなどと批判する。かかる上からの「改革」に対しては、住民参加制度の不備を補う運動として、保育所入所申請の拒否処分に対する「異議申立て」「運動」の意義も強調する。

第一一章は、道州制および自民党の改憲草案における地方自治の規定について、住民自治や団体自治といった視点から批判的に考察する。特に自民党の道州制案については、「道州制は『地方分権体制を構築』するものにとどまらず、『国と地方の役割分担』を踏まえ、『国のかたち』を作り直すもの」とされていること、国の事務は外交・防衛などに限定されること、そして「憲法改正によらず立法措置によって道州制の導入が可能である」とされることなどに注目し、「『自己決定』『自己責任』を地方に求め、国民福祉・住民福祉の実現という国の行政責任や負担を地方へ転嫁することを意図」するものと厳しく批判する。

また、改正草案に関しても、「総合行政主体」論とセットになった補完性原理、あるいは国の役割の限定化といった点は第一〇章や道州制に関わる議論と同様である点、そして、すでに一九九九年地方自治法改正の際に法律上に明記された文言をそのまま憲法の規定の中に入れるなどがされている点に注目し、かかる「改憲実態」の進行を注視すべきとする。

これらに対しては、地方議会が「意見書の採択」というかたちで憲法問題に参画することの意義を確認する。

五　本書のまとめ

「本書のまとめ」においては、全体のまとめと同時に、沖縄県辺野古新基地建設に関するこの間の国の対応等に触れる。国の対応が「『民主主義』や『地方自治』とともに、『法治主義』」を脅かすものとなっている点等を指摘する。「防衛」をめぐる問題は、国だけの問題ではなく地方自治の問題として捉えるべきこと示唆する点は、今次の「改革」でも十分参照されるべきである。

六　おわりに

最後に、本書の意義について若干感想を述べさせていただきたい。

第一に、本書は民主主義や立憲主義そして地方自治の本旨といった憲法的価値を基軸に据え、「自治」を装う「改革」の虚偽性を暴くとともに、それへのあるべき姿を提示している。新自由主義を背景に、安易に経済効率化に依拠した改革提案（第五章や第八章参照）や問題を単純化する議論（第一章参照）に対して、法的な視点から丁寧に事実を評価し論点を分析する目線は、今次の「改革」を正しく評価する上でも重要であろう。その上で批判的評価にとどまらず、それぞれの脅威への対抗軸を示しながら考察を進める点も指摘されるべきであろう。

第二に、民主主義の充実、特に多様な参加制度の確保を求める点である。ここでいう参加制度は一方通行の参加ではなく、「熟議（討議）」重ねたかどうかが問われる。例えば、住民投票も「情報提供と討議の場」を経た住民投票の意義を強調する点などが挙げられる。さらに、筆者が、地方議会の活性化および地方議員の活躍に期待し、具体的提案をしている点も見過ごせない。直接民主主義と間接民主主義とが相互に補完するような形で自治を発展させる意図があると思われ、まさにこの方向性こそが今求められよう。この点に関しては、今次の「改革」で議会の権能を限定する「改革」の提案があるが（「町村議会のあり方に関する研究会」報告書（二〇一八年三月））、厳しく批判されるべきである。

第三に、本書においては、行政法学だけではなく隣接諸学問の知見を丁寧に取入れながら、かつ様々な現場における直接の調査を踏まえ、より実践的な提案をしている点である。そこには、筆者の専門であるイギリス行政法に関する膨大な調査と分析、豊富な知見も含まれている（第一章、第八章等参照）。例えば、わが国のNPM改革提案が、イギリスの経験のうち、行政民間化を進める立場にとって都合のよい部分だけを「つまみ食い」し、逆に都合の悪い部分は紹介しない改革提案なのかが浮き彫りにされている点なども挙げられる。

本書は、第一次分権改革後の「改革」の「意味」を把握し、今次「改革」の問題点と自治を充実させるための法的論点を理解するため、必読すべき研究である。

〔本書は、自治体研究社、二〇一六年刊
定価（本体二〇〇〇円＋税）〕

《書評》

小泉和重著『現代カリフォルニア州財政と直接民主主義』

難波利光
（下関市立大学）

小泉和重教授は、私の大学院時代の恩師である故坂本忠次教授に学ぶ同門の大先輩にあたる。本著でのカリフォルニア州の財政研究は、故坂本忠次教授も行っていたことから、私もカリフォルニア財政研究を主たる研究として修士論文以来研究を進めてきた。小泉和重教授には私の初めての学会報告の討論をして頂き、厳しいご指摘をして頂いたことが今でも思い出として蘇る。我われの他にも一九九〇年代には本著の中心的テーマであるカリフォルニア州での納税者の反乱の検証は行われてきた。一九七八年に起こった納税者の反乱であるが、今日の日本における地方財政や地方税について考える上で、非常に参考になる事例である。

小泉和重教授は、本書の前に、『アメリカ連邦制財政システム―「財政調整制度なき国家」の財政運営』を二〇〇四年にミネルヴァ書房より出版している。本書は、その業績を基に、さらにアメリカ州財政の問題をカリフォルニア州の事例をもとに鋭く分析した一冊であるといえる。

一　本書の構成と目的

本書の構成は、次の通りである。序章、「納税者の反乱」が拡げた波紋、第Ⅰ部　カリフォルニア州の制度構造、第一章　州の政治経済と財政、第二章　地方政府の財政と財源調達、第Ⅱ部　「納税者の反乱」と現代カリフォルニア州財政史、第三章　財産税を巡る反税運動と納税者の反乱―一九六〇～一九七〇年代―、第四章　納税者の反乱後の税財政構造の変容―一九八〇年代、第五章　冷戦後の経済不況とオレンジカウンティの破綻―一九九〇年代、第六章　ドットコム・バブルの崩壊と知事のリコール―二〇〇〇年代前半、第七章　リーマンショックと財政危機―二〇〇〇年代後半、終章　直接民主主義と財政である。

本書の研究分野は、日本におけるアメリカの州、地方財政の研究自体、連邦との政府間財政関係を軸に展開するものが中心で、一つの州の財政史に焦点を当て検討したものは少ない。アメリカの州財政は州ごとで行財政制度は異なり多様である。それゆえむしろ、個別の州財政史に焦点を当て検討することは研究上、重要な意義を有するといえる。

本書の研究課題は、第一に納税者の反乱が現れた財政史的な文脈とその帰結に関する研究課題である。第二に直接民主主義と財政に関する研究課題である。第三にカリフォルニア州の財政危機と提案一三号の関係に関する研究課題である。カリフォルニア州ではどうして財政危機が度重なり発生するのか。また、財政危機時に、州政府はどのような財政健全化策を講じ、財政均衡に努めてきたのか。さらに、財政ルールは財政収支の均衡にいかなる役割を果たしてきたのか。本書ではこうした問題を、九〇年代から二〇〇〇年代後半までの三つの財政危機を対象に明らかにしている。

第Ⅰ部は、カリフォルニア州の制度構造を論じ、第Ⅱ部は本論である現代カリフォルニア州財政史を論じるものである。

第一章は、カリフォルニア州財政史を論じる前段として、同州の政治経済的な特徴と州財政の基本的な仕組みについて検討している。具合的には、同州の社会的、経済的な構造、知事、行政、議会の役割と機能、直接民主主義の特徴、さらに予算過程、税財政制度の仕組みについて論じている。

第二章は、第一章に引き続き、地方政府の構造と財政について検討する。カリフォルニア州はカウンティ、市、特別区、学区の四つの地方政府を有する。それぞれの政府の行財政上の特徴を検討し、税、料金、補助金、資本調達といった制度と住民投票を関連させ論じている。

第三章は、一九六〇年代から七〇年代のカリフォルニア州・地方財政を対象に、提案一三号が登場した財政史上の文脈を検討する。当時、全米各州が抱えていた財政税制度の諸問題の減税要求等、カリフォルニア州独自の問題について検討している。

第四章は、一九八〇年代を対象に、提案一三号の可決後の州、地方財政の影響について検討している。まず、提案一三号後の財政制度改革について検討し、次いで、提案一三号が州経済、州、地方の課税水準・財政構造に与えた影響について考察している。さらに、提案一三号後に大きく変わった地方政府のインフラ財源の調達方法について明らかにしている。

第五章は、一九九〇年代を対象に、この時期の州財政危機の影響とオレンジカウンティの財政破綻について検討している。九〇年代は冷戦後の軍縮の影響でカリフォルニア州は景気が後退し、州財政も悪化した。財政悪化の原因とこの時採られた財政健全化策の特徴について考察している。また、提案一三号後、規制緩和されたデリバティブ取引により破綻したオレンジカウンティの問題を取り上げ検討している。

第六章は、二〇〇〇年代初めを対象に、ドットコム・バブルの崩壊と州財政危機の問題、さらにそれに伴う州知事のリコール問題について検討している。この時期、ドットコム・バブルの崩壊に加え電力危機の問題が加わり州経済は悪化した。赤字州債の発行を中心に州政府が採った財政健全化策の特徴を明らかにしている。また、自動車免許料の引き上げと知事リコールの問題を検討している。

第七章は、二〇〇〇年代後半を対象に、リーマンショック直後の州財政危機とその財政健全化策について検証している。この時期、カリフォルニア州では不動産バブルが崩壊し、大恐慌以来と表現される程、深刻な経済危機に見舞われた。州の財源不足は大きく拡大し、財政運営は混乱した。二〇〇〇年代後半の州財政危機の状況と財政健全化策の特徴を明らかにしている。

終章では、二〇一〇年代のカリフォルニア州・地方財政の状況についてふれるとともに、序章で挙げた研究課題について総括的に論じている。さらに、カリフォルニア州財政との対比で日本の地方自治財政に対する課題について検討している。

二　本著の内容

本書は、これまで、納税者の反乱の前夜である一九六〇年代からリーマンショック直後の二〇〇〇年代までの時期を対象にカリフォルニア州・地方財政の変容過程を検討している。また直接民主主義に特徴づけられているカリフォルニア財政との対比で我が国の地方自治財政の課題について検討している。

カリフォルニア州の研究を行う上で、カリフォルニア州の概要について確認する。地形的には、日本の面積の一・一倍であり、南部にロサンゼルス、北部にサンフランシスコという二大都市がある。日本でいう、東京、大阪といった二大都市の形態と類似している。日本の県のあたるカウンティの数も五〇程であり日本とほぼ同数である。カリフォルニア州の経済的な特徴は、金融、不動産、情報産業等が州経済をけん引している。その一方で所得格差も少なくない。また、ヒスパニック層で低所得者が多く、教育、福祉等の公共サービスの需要を高める要因となっている。政治、行政的な特徴としては、伝統的に革新主義運動の影響が強い地域である。また、直接民主主義が取り入れられ、他の州に増してイニシアティブを通じた直接立法が頻繁に行われている。このため、権力関係が輻輳化し知事の意思決定が組織全体に浸透しない問題や提案一三号のように住民が草の根的に財政制度を変更できる特徴を有している。予算、財政制度の特徴は、予算の採決には長年、2／3要件が採用されてきたため、野党共和党の政治的プレゼンスが高くなり予算を巡る政治的攻防が激化していた。また、住民や議会による財政提案がしばしば発意され、減税、歳出制限、特定財源化といった様々な財政制度が住民投票を通じて決定されていた。さらに州の一般基金の財政構造は、教育、健康・福祉を主体とする経常経費を個人所得税、売上税の二大財源で支えているといった特徴を有している。以上の様に、カリフォルニア州の特徴を筆者は纏めており、日本での住民自治を考える事例として深く研究するに値する課題である。

カリフォルニア州の各地方政府の行財政的な特徴は、カウンティは州の行政単位であるとともに地方コミュニティの政府という二重の役割を担っている。カウンティおよび市の財政調達については、地方税は財産税をはじめ一二の税目から構成されている。これらの税の中でも財産税が本論文の主たる税のテーマである。日本で言えば、固定資産税に近い税であるが、全く課税形態が異なるものである。しかし、地方財政の財源を確保していくことが課題となっており、アメリカの財産税のシステムを研究することは有益である。

本著で取り上げる、提案一三号は、一九八〇年代に高騰してきた日本での不動産の価値に対する税と都市開発の観点から興味深い事象として多くの研究がなされてきた。本著では、提案一三号の原因について、従来は、小さな政府論や福祉国家批判の文脈で提案一三号の登場は位置づけられていたが、実際には、六〇年代の財産税評価官による汚職や最有効使用理論に基づく評価方法の問題が背景にあって、住民の反税運動が発展したと述べている。もっとも、財産税の評価制度に関わる問題はカリフォルニア州独自の問題ではなく、全米各州で共有される問題でもあった。財産税に対する国民の不満は大きく、七〇年代には連邦レベルでも財産税を廃止して付加価値税に代替すべきであるとした大胆な議論も行われていた。つまり、所得税や消費税でなく財産税の問題故に納税者の反乱が起こったのであり、提案一三号の支持者の政治的レトリックを別にすれば、ニューディール以降、大きくなった政府を打倒するために納税者の反乱は起こったわけではなかったと論じている。

提案一三号の可決を巡るカリフォルニア州の特殊性については、提案一三号の登場の直接的な原因として、七〇年代の資産インフレの進行とそれに伴う財産税の負担の増加、所得税のブランケットクリークによる財政黒字の発生と納税者の反発といった要因が挙げられている。住民提案制度に関する評価は、成功した提案一三号の事例から、間接民主主義の象徴である議会が政治的なデッドロック状態にある場合、それに代わって、直接民主主義的手法である住民投票が大胆な税制改革を断行できる可能性を持つたことも示された。住民提案による税制改革は自ずと普遍主義的な正確を持つことであることを示している。

一九七八年に発議された提案一三号の可決直後の財政状況については、州政府は地方政府を救済した。こうした州の支えがあったおかげで地方財政は当初予想されていた大きな危機を回避することはできた。住民にも提案一三号の財政的な影響は大して実感されなかったのである。八〇年代における提案一三号の影響については、減税が経済成長や増収を促すとしたラッファー効果は中長期的には確認できなかった。本著によれば、州民も小さな政府を絶賛しておらず、世論調査でも小さな政府への支持は低下していったことが確認できた。

財源調達に対する不安に対して、どのように調達し、都市を形成していくのかについては関心が生まれてくる。提案一三号以降、財産税収は減収しつつも社会資本に対する財政需要が低下しなかった。このため、インフラ整備においても、緊縮財政の時代を乗り切る財政的な工夫が講じられるようになったのであった。この点に関しては、税制度の違いから即座に導入できるものではないが、何かしらの参考になると思われる。

ここから、九〇年代の研究内容になるが、提案一三号による影響について論文は少なく、本著において非常に価値のある分析がみられる。九〇年代中盤から景気は徐々に回復していき、提案一三号以前と同程度の水準まで回復していったのである。九〇年代の財政提案については、八〇年代同様、住民や議会から財政提案が提起され、カリフォルニア州、地方財政に大きな影響を与えることになった。九〇年代は、小さな政府の流れに反転して歳出制限を緩和する動きと提案一三号の精神を継いで課税制限を強める逆の動きが現れたのである。九〇年代の財政危機に対する州政府の対応については、厳しい財政危機に直面した州政府は、増税、歳出削減、地方政府への負担転嫁を通じて、財政を均衡化させようとした。提案一三号後の地方政府の財政自治権の弱体化を示す証左となった。

この当時、日本においても関心をもったのが、自治体の破綻についてである。日本では、夕張市の破綻が有名であるが、アメリカでの事例としてオレンジカウンティの財政破綻は大いに参考になった。本著では、カリフォルニア州財政研究の一つとして、この点にも言及している。九〇年代のカウンティ財政の悪化とオレンジカウンティの財政破綻については、カウンティ財政は従来から財産税への依存度が高かったため、提案一三号の課税制限で大幅な税収が生じた。多くは州補助金により補塡されたが、州からのマンデイト負担も多かったため財政ストレスがかかった。そうした中、新たな財源の途として、州はカウンティの資金運用の規制緩和を行ったのであった。この規制緩和に乗じてオレンジカウンティの破産は提案一三号がもたらしたものとなった。

また、二〇〇〇年以降については、二〇〇〇年代初めのドットコム・バブルの崩壊と電力危機の影響やリーマンショック後について分析が行われている。

三　日本の地方自治財政への課題

最後に、カリフォルニア州財政との対比で、日本の地方自治財政に対する課題について述べている。カリフォルニア州は、住民による州・地方政府に対する財政調整は強く働く仕組みとなっているが、日本は、地方財政法、地方税法、地方交付税法、自治体財政健全化法等を通じて、国の地方に対する他律的な財政統制は強く働くのに対して、住民による自立的な財政統制は必ずしも強くないといえるとしている。また、地方制度調査会の審議内容を見ると、地方税の賦課徴収を直接要求の対象とすれば、「減税要求が乱発され、政争の手段とされることが懸念される」、「地方の行財政運営に大きな影響を与え、行政サービスの低下に繫がる恐れがある」という地方団体からの意見が示されている。

本著で減税要求、納税者の反乱はなぜ起こるのかについて明らかにして来たわけであるが、単純に税負担の高さや増税に対する忌避からではないということである。本著では、地方税を直接要求の対象に加えたからといって、即座に減税要求が乱発されると考えるのは早計であると考えている。公共サービスの受益に応じて適切な負担が求められている限り、自治体の活動が社会の公共性に適う限り、租税抵抗は抑制され、減税要求の乱発や納税者の反乱が起こる可能性は低いという見解である。

住民による自立的統制が住民に効かない状態を続けることは、住民と行政が公共サービスの受益と負担に対して真剣に議論する一つの機会を逸することになり、住民自治の成熟化を避けることにもなる。そのことは、必要な税負担を将来に先延ばし公債の累積を無条件に容認する、いわば「隠れた納税者の反乱」を引き起こしているように思われるという言葉で、本著を締めくくっている。

四　書評のまとめ

カリフォルニア州での事例をもとに学ぶこととして、本書で取り上げている納税者の税金に対する州民の意識については、アメリカや日本等で多く研究されてきている。この折りの研究は、州民である住民が地価の上昇に伴い、財産税の負担が重くなることに対する不満が州民生活や財政に如何に影響を及ぼしたのかに関する研究が多くされてきた。当時の研究の趣旨は、州民が地方自治に対して真剣に考え、州民の意向により発議した提案一三号が納税者として自立した思考を主張したことを賞賛する内容であった。しかし、現状を更に紐解いてみると、州民は自発的に発議を行ったのではなく、企業等の団体が納税者である州民に発議を起こさせたのではないかという見解もある。それは、州民個人の財産税に対する負担よりも企業の財産税に対する不満が多いことから、発議を嗾ける風潮を創り上げたと考えられる。この様な風潮は、企業が短期的に税金の負担回避行動を考えたことで起こったと思われる。その結果、長期的にみて、州・地方政府への財産税収による影響は大きなものになったのである。

本著は、今後の日本の地方自治のあり方、地方財政および地方税のあり方に対して、一石を投じる貴重な研究論文である。連邦国家であるアメリカは、地方政府の自治および財政を研究する上では、大変興味深い事例が随所で繰り広げられており、今後も本書をもとに研究を深めることのできる研究者にとって貴重な一冊であるといえる。

〈本書は、ミネルヴァ書房、二〇一七年刊
定価（本体八〇〇〇円＋税）〉

V　学会記事

◇日本地方自治学会　学会記事

一　二〇一六年度日本地方自治学会の研究会・総会は、一一月一九日（土）・二〇日（日）、南山大学・名古屋キャンパスで開催されました。報告テーマおよび報告者は以下のとおりです。

㈠　私と地方自治（一一月一九日）
「私と地方自治」（記念講演）　今村都南雄（中央大学名誉教授）
司会　榊原秀訓（南山大学）

㈡　研究会（共通論題Ⅰ　一一月一九日）
テーマ「辺野古新基地建設と地方自治」
「辺野古新基地建設をめぐる法的争訟」　徳田博人（琉球大学）
「沖縄をめぐる政治」　佐藤　学（沖縄国際大学）
「沖縄における基地経済と財政」　只友景士（龍谷大学）
コメンテーター　紙野健二（名古屋大学）
司会　長内祐樹（金沢大学）

㈢　分科会（一一月二〇日）
分科会①
テーマ「子ども子育て支援と自治体」

「子育て支援における幼保一体化施設の役割—地域の特性と新制度の中で」
手塚崇子（川村学園女子大学）

「愛知県内自治体の保育政策」
中村強士（日本福祉大学）

「子ども・子育て支援に関する自治体調査の分析」
関　智弘（東京大学）

コメンテーター
近藤正春（桜花学園大学）

司会
村上祐介（東京大学）

分科会②

テーマ「自治体公選職のあり方」

「地方議会の政務活動費と選挙制度、そして議員の政治資金制度」
上脇博之（神戸学院大学）

「首長／議会／市民—憲法構造としての二元的代表制とその現状」
植松健一（立命館大学）

「市町村議会における改革の状況と課題—自治体議会パネルデータからの実証分析」
長野　基（首都大学東京）

コメンテーター
新川達郎（同志社大学）

司会
礒崎初仁（中央大学）

分科会③

テーマ「公募セッション（自由論題）」

「アメリカ都市政治研究の動向—都市レジーム論を中心として—」

「地方自治における『一般目的政府』と『特別目的政府』の競合：
鈴木隆志（麻布大学）
アメリカ・ワシントン州を事例として」
前田　萌（立命館大学大学院）
「韓国の「地方創生」における革新都市―ウルサン市を事例として―」
ベ　ユン（慶應義塾大学）
「再生可能エネルギーの導入に係る地方自治体の条例対応」
内藤　悟（東北公益文科大学）
コメンテーター　市川喜崇（同志社大学）
黒川則子（同志社大学）
司会　山崎圭一（横浜国立大学）

㈣　研究会（共通論題Ⅱ　一一月二〇日）
テーマ「自治体行政の中の憲法」
「公共施設の利用制限をめぐる法的問題」
首藤重幸（早稲田大学）
「一八歳選挙権と主権者教育」
小玉重夫（東京大学）
「自治体行政と人権保障（ヘイトスピーチ規制）」
東川浩二（金沢大学）
コメンテーター　廣田全男（横浜市立大学）
司会　榊原秀訓（南山大学）

二　総会

二〇一六年度日本地方自治学会総会は、二〇一六年一一月一九日（土）、南山大学・名古屋キャンパスで開催され、決算、会計監査、予算などについて報告され、いずれも原案通り承認された。

◇日本地方自治学会　年報「論文」・「ノート」公募要領

日本地方自治学会年報編集委員会
二〇〇六年一一月一一日総会にて承認

日本地方自治学会では、学会創立二〇周年を記念して、年報・地方自治叢書第二〇号（二〇〇七年一〇月刊）から、『年報』という発表の場を広く会員に開放することと致しました。叢書の総頁数の関係で、「論文」「ノート」は最大三本までの掲載に限られますが、このことにより、学際的な本学会の特徴をより明確にし、年報の充実により、多角的な視点による地方自治研究の水準をさらに引き上げていきたいと考えます。

つきましては、以下の要領にて「論文」「ノート」を公募しますので、積極的にご応募ください。

一　応募資格

毎年一一月末日現在での全ての個人会員（一度掲載された方は、その後二年間応募をご遠慮いただくこととします）。

二　テーマ・内容

地方自治をテーマにしていれば、内容は応募者の自由としますが、日本語で書かれた未発表のものに限ります。

（他の雑誌等に現在投稿中のものは応募できません）とし、「論文」または「ノート」のいずれか一点

「論文」は、知見の新しさなどを求める学術論文を対象とし、「ノート」は、研究の中間段階でありながら一定のまとまりを持つものや学術的関心に支えられた行政実務についての論述など、地方自治研究を刺激することが期待されるものを対象とします。

三　原稿枚数

「論文」については、二四、〇〇〇字（四〇〇字詰原稿用紙六〇枚）以内、「ノート」については、一二、〇〇〇字以上一六、〇〇〇字未満（四〇〇字詰原稿用紙三〇枚以上四〇枚）とします。字数には、表題・図表・注・文献リストを含みます。

四　応募から掲載までの手続き

①　意思表示

応募者は、毎年一二月末までに、原稿のプロポーザル（A四、一頁、一、二〇〇字程度）を、「封書」で、表に「日本地方自治学会論文・ノート応募」と明記の上、下記日本地方自治学会年報編集委員会委員長宛にお送りください。

プロポーザルには、何をいかなるアプローチで明らかにしようとするのか、内容のおおよその構成とその素材について説明してください。「論文」と「ノート」のどちらでの掲載を希望しているのかについても明記してください。

プロポーザルと実際の応募原稿の内容が大幅に異なる場合には、原稿を受理致しません。応募の意思表示をされた方には、プロポーザル受理の通知とともに、応募件数の状況、執筆要領をお送りします。

・プロポーザル送付先

〒七六〇―八五二三　香川県高松市幸町二番一号　香川大学法学部五〇一号室

三野　靖

② 応募原稿の締め切り期日

翌年の三月中旬必着とします。上記日本地方自治学会年報編集委員会委員長宛に、執筆要領に従った完全原稿とそのコピー一部、計二部を、郵便か宅配便でお送りください。それ以外の方法では受け取りません。

③ 応募者の匿名性確保のための作業

三月下旬に、年報編集委員会が、査読に当って応募者を判らないようにするため、応募「論文」「ノート」の一部について、必要最小限のマスキング（黒塗り）を施すことがあります。応募にあたっては、このマスキングがなされても、論旨を損わないよう、引用・注等に配慮した執筆をお願いします。

④ 審査方法

四月に入ると、年報編集委員会が、応募のあった「論文」「ノート」各一編につき、匿名で、三名のレフェリー（査読者）を委嘱し、およそ、一ヶ月間、審査をお願いし、その審査結果をもとに、掲載の可否を決定します。

三名のレフェリーのうち、二名以上が掲載可と判定した場合は、掲載できるとの原則で運用します。

しかし、年報への掲載可能本数は「論文」「ノート」あわせて、最大三本と見込まれるため、場合によっては、次年度号への掲載となる場合があります。

⑤　審査基準

「論文」については、主題の明晰さ、命題・事実・方法などにおける知見の新しさなどを基準とし、地方自治学会年報に掲載する学術論文としての適切さを審査します。査読結果によって、掲載可となる場合でも、「論文」ではなく、「ノート」として掲載可となることもあります。また、掲載の条件として修正が求められた場合には、再査読が行われます。

「ノート」については、論述が整理されていること、調査研究を刺激する可能性のあることなどを基準とし、提出された時点での完成度について、地方自治学会年報に掲載する「ノート」としての適切さを審査します。

但し、年報への掲載可能本数が「論文」「ノート」あわせて、最大三本であるため、掲載にあたっては「論文」を優先し、「掲載可」とされた「ノート」であっても、年報編集委員会がレフェリーによる相対評価に基づいて優先順位をつけ、順位の低い「ノート」の掲載を次年度号に送る判断をすることがあります。

また、掲載の条件として修正が求められた場合には、再査読が行われます。

⑥　掲載可となった原稿の提出

早ければ六月初旬、再査読が必要になった場合でも、七月初旬には、年報編集委員会から応募者に対して、掲載の可否についての最終の連絡をします。

　掲載否の場合は、レフェリーの判断を年報編集委員会にて取りまとめたうえ、応募者に文書にて通知します。

　掲載可の場合は、年報編集委員会からの通知を受けて、七月末日までに、日本地方自治学会年報編集委員会委員長宛に、完全原稿一部とその電子情報をフロッピーディスクもしくは添付ファイルにて提出してください。

⑦　校正等
　年報は、一〇月下旬までの刊行を目指しますが、その間に、著者校正を二回程度お願いします。

五　その他
　公募論文の年報への掲載に際しては、年報編集委員会による簡単な応募状況などの報告のみを付します。

以　上

編集後記

地方自治叢書第30号『憲法の中の自治、自治の中の憲法』をようやく刊行できることとなりました。本号は、二〇一六年度総会・研究会の記録等であり、本来、二〇一七年度総会・研究会までに刊行されているべきものであり、大幅に遅れましたことをまずはお詫び申し上げます。第31号も、なるべく早い刊行を目指し鋭意準備を進めております。今しばらくのご海容をお願いいたします。

本号のタイトルを「憲法の中の自治、自治の中の憲法」といたしましたのは、共通論題Ⅰのテーマ「辺野古新基地建設と地方自治」が憲法の中の地方自治のあり方を問うものであり、共通論題Ⅱのテーマ「自治体行政の中の憲法」は、まさに地方自治の中における憲法の生かし方を問うものだからです。この問題は、日本国憲法が地方自治を保障する限り永遠のテーマでありますが、同時に、「憲法改正」論が喧しい今だからこそ取り上げなければならないテーマでもあります。また、現在、総務省主導の「自治体戦略二〇四〇構想」のもと、これを具体化する目的の第三二次地方制度調査会において、圏域行政や地方自治組織の制度化が議論されています。ここでも当然に、憲法が保障する地方自治の具体化が問題になるでしょう。

最後になりますが、地方自治叢書の刊行が大幅に遅れ、敬文堂の竹内基雄社長にはたいへんご心配・ご迷惑をおかけいたしました。それにもかかわらず、暖かいご支援をいただき、心から感謝申し上げます。

（白藤博行）

憲法の中の自治、自治の中の憲法 〈地方自治叢書30〉

2019年7月15日 初版発行

定価はカバーに表示してあります

編 者 日本地方自治学会
発行者 竹 内 基 雄
発行所 ㈱ 敬 文 堂
東京都新宿区早稲田鶴巻町538
電話 (03) 3203-6161 (代)
FAX (03) 3204-0161
振替 00130-0-23737
http://www.keibundo.com
印刷/信毎書籍印刷株式会社 製本/有限会社高地製本所

ISBN978-4-7670-0232-3 C3331

〈日本地方自治学会年報〉既刊本

地方自治叢書〈1〉

転換期の地方自治

本体二四〇〇円

日本地方自治学会の設立に当たり**柴田徳衛**／地方自治論の課題と展望**兼子仁**／現代社会と地方自治**宮本憲一**／地方自治史研究の成果と課題**大石嘉一郎**／行政学の立場から**寄本勝美**／社会学の立場から**似田貝香門**／転換期のアメリカ政府間関係**新藤宗幸**／転換期の地方自治**戒能通厚**／西ドイツにおける地方自治**伊東弘文**／町づくりにおける住民参加の歴史的経過をたどって**片方信也**／転換期の意味と主体の問題**矢澤修次郎**／イギリス地方税改革と地方自治の再編**北村裕明**／アメリカの市民参加**寄本勝美**／公共性の現代的展開**似田貝香門**／「東京の行政と政治」研究ノート**佐々木信夫**／書評

地方自治叢書〈2〉

日本地方自治の回顧と展望

本体三〇〇〇円

戦後地方自治雑考**阿利莫二**／私と地方自治**杉村敏正**／明治地方自治の国際的性格**山田公平**／都市自治一〇〇年における関一**芝村篤樹**／昭和期における府県制度改革**天川晃**／地方自治の継受と公益事業制策について**今井清一**／日本の地方自治の「独自性」**宮本憲一**／戦後日本政治分析における多元主義理論と中央地方関係**佐藤俊一**／八〇年代の不動産資本・土地市場の動向と都市の変貌**宮野雄一**／岐路にたつ都市社会運動**吉原直樹**／イタリアの都市自治と住民参加**宗田好史**／台湾の地方財政**川瀬光義**／韓国における住民参加制度について**鄭相干**／タイの地方自治と住民参加**橋本卓**／書評

地方自治叢書〈3〉

広域行政と府県

本体二六二二円

地方自治と私**足立忠夫**／「行革」・広域行政と府県**都丸泰助**／府県と自治体連合の可能性**鳴海正泰**／農山村地域と広域行政**保母武彦**／都市計画の立場からみた都道府県と広域行政**石田頼房**／自治的広域行政機構の条件**岩崎美紀子**／福祉行政事務の地方移譲の法的問題点**芝池義一**／イギリス地方税制改革の基本的枠組**星野泉**／フランスにおける地方債の自由化**青木宗明**／ニュージーランドにおける政府間関係の動向**藤井浩司**／都市ポランタリズムとコミュニティ**渡戸一郎**／書評

地方自治叢書〈4〉

世界都市と地方自治

本体二九一三円

私と地方自治**柴田徳衛**／世界都市の挑戦**K・タブ**（**横田茂訳**）／英国地方税制の改革と地方団体の反発**竹下譲**／「世界都市・TOKYO」の特質とその構造的矛盾**寺西俊一**／都市の産業構造からみた世界都市論**青木圭介**／世界都市の理論化と問題点**中邨章**／新しい中央地方関係論へ**笠京子**／補助金と地方自治**鶴田廣巳**／地方自治と住民参加**鵜飼照喜**／タイにおける過疎農村地域開発と地方政府の役割**M・サングスカル**（**小池治訳**）／人口過疎地域における地方自治体の役割と機能**E・パディラ**（**中村・小池・中邨訳**）

地方自治叢書〈5〉

条例と地方自治

本体二七一八円

学会誌第五号の発行にあたって**佐藤竺**／私と地方自治**加藤一明**／研究会「条例と地方自治」のまとめ**兼子仁**／地方自治の展開と条例の諸傾向**吉田善明**／まちづくりと条例**三橋良士明**／都市憲章条例への期待**富野暉一郎**／自治体条例論をめぐる枠組みの再検討**五十嵐敬喜**／自治体における選択基準の実際**江口清三郎**／自治体財政における公会計システムについて**兼村高文**／選挙区割における地方性重視の可能性**小林幸夫**／真鶴町まちづくり条例論**五十嵐敬喜**／韓国の民主化と地方自治**盧隆煕**／日・韓地方自治比較の問題点**山田公平**／書評

地方自治叢書〈6〉

地域開発と地方自治

本体二七一八円

全国総合開発計画三〇年を検討する宮本憲一／自治の思考の転換河中二講／「持続する発展」をもとめて宮本憲一／リゾート開発と地方自治今里滋／地域開発と地方自治渡名喜庸安／地域環境時代の地域開発と地方自治中村剛治郎／グローバル・リストラと地域開発佐々木雅幸／孫文の建国構想における地方自治と台湾の地方行財政川瀬光義／三新法体制における参加と統制の制度構造小原隆治／住民自治の歴史的展開玉野和志／都市再開発とネイバーフッド・リバイタリゼイション白石克孝／書評

地方自治叢書〈7〉

都市計画と地方自治

本体二七一八円

第七巻発刊にあたって宮本憲一／私と地方自治横山桂次／わが国都市計画の新次元への挑戦三村浩史／改正都市計画法―行政手続法―開発指導鈴木庸夫／都市計画のマスタープランとまちづくりの課題片方信也／合衆国の都市改造の経験とその教訓遠州尋美／一九九二年都市計画法、建築基準法改正に寄せて北原鉄也／都市環境形成の課題安木典夫／まちづくりにおける自治会・企業・支所の役割今川晃／わが国の都市計画行政と市町村マスタープランの創設丸山康人／発展途上国における地方分権化山崎圭一／ポスト福祉国家と新都市社会学の展開西山八重子／書評

地方自治叢書〈8〉

現代の分権化

本体二七一八円

学会誌第八巻の発刊に当たって室井力／私と地方自治佐藤竺／現代地方分権論の文脈加茂利男／立法学からみた地方分権推進法五十嵐敬喜／地方分権と税財政制度改革遠藤宏一／地方分権―五つの関心水口憲人／討論「社会福祉分野からのコメント」武田宏／戦時・占領期における集権体制の変容市川喜崇／伊勢湾沿岸域開発と地方自治鈴木誠／地方政府再編に関する一考察牛山久仁彦／フランス州財政の諸問題中西一／外国人居住者と日本の地域社会田嶋淳子／都心居住にみる自治体の施策と課題市川宏雄／書評

地方自治叢書〈9〉

行政手続法と地方自治

本体二七〇〇円

私と地方自治吉岡健次／行政手続法と地方自治本多滝夫／行政手続法と地方自治今村都南雄／行政手続法と地方自治塩崎賢明／報告に対するコメント見上崇洋／水資源開発と地方自治小森治夫／韓国における工業団地開発と都市財政鄭徳秀／書評

地方自治叢書〈10〉

機関委任事務と地方自治

本体二八〇〇円

私と地方自治宮本憲一／「機関委任事務」法論と地方自治白藤博行／機関委任事務廃止の意味辻山幸宣／機関委任事務と財政改革坂本忠次／社会セクター台頭の意味と可能性白石克孝／地方分権と地方財源星野泉／英国労働党政権の新地方自治政策横田光雄／書評

地方自治叢書〈11〉
戦後地方自治の歩みと課題
本体二九〇〇円

地方自治と私室井力／地方自治改革の軌跡と課題山田公平／分権的税財源システムの課題伊東弘文／戦後地方自治と革新自治体論鳴海正泰／震災復興と自治体財政高山新／英国の地方財政制度稲沢克祐／サンフランシスコにおけるアフォーダブル住宅五嶋陽子／書評

地方自治叢書〈12〉
介護保険と地方自治
本体二八〇〇円

私と地方自治研究大石嘉一郎／介護保険と市町村の役割池田省三／介護保険と地方財政横山純一／鷹巣町の福祉岩川徹／コミュニティ・ソリューションと市民・ＮＰＯ日詰一幸／都市と農山村の連携におけるＮＰＯの役割松井真理子／福祉改革・地方分権改革の中の生活保護行政木原佳奈子／広域連合制度の特質とその活用方途原田晃樹／書評

地方自治叢書〈13〉
公共事業と地方自治
本体二八〇〇円

地方財政危機と公共事業関野満夫／公共事業と地方自治晴山一穂／公共事業の分権武藤博己／地方分権一括法以後の地方自治辻山幸宣／韓国の地方分権の推進状況と課題崔昌浩／パラダイムの転換竹下譲／書評

地方自治叢書〈14〉
分権改革と自治の空間
本体二九〇〇円

私と地方自治石田頼房／分権改革水口憲人／環境行政における中央・地方の役割分担と協力寄本勝美／地方分権改革と広域行政岩崎美紀子／地域社会の側から見た地方分権と広域行政富野暉一郎／高齢者保健福祉政策と市町村の公的責任水谷利亮／自治体財政とキャッシュ・フロー会計兼村高文／基地問題と沖縄の自治島袋純／韓国地方自治制度の歴史と現行制度に関する一考察李憲模／英国における「地方自治の現代化」森邊成一／書評

地方自治叢書〈15〉
どこまできたか地方自治改革
本体二八〇〇円

新世紀における三重のくにづくり北川正恭／地方分権改革と地方税制星野泉／分権時代の法環境久保茂樹／分権化の行政改革向井正治／議員提出条例から見た県議会改革小林清人／韓国における地方議会の現状と活性化策呉在一・朴恵子／英国の自治体経営改革の動向稲沢克祐／現代デモクラシーのなかの住民投票上田道明／書評

地方自治叢書〈16〉

自治制度の再編戦略

本体二八〇〇円

地方自治と私兼子仁／自治史のなかの平成合併山田公平／自治体再編と新たな自治制度島田恵司／基礎的自治体と広域的自治体再論人見剛／都市・農村共生型財政システムをめざして重森曉／「西尾私案」と地方自治白藤博行／市町村合併に伴う選挙区制度設置と自治体内自治組織論今井照／市町村合併の検討過程と住民自治小林慶太郎／地方公共事業とＰＦＩ森裕之／書評

地方自治叢書〈17〉

分権型社会の政治と自治

本体二八〇〇円

二元的代表制の再検討駒林良則／自治を担う議員の役割とその選出方法江藤俊昭／自治体の財政的自立と税源移譲兼村高文／「地域自治組織」と自治体の政治今井照／イングランドにおける広域自治体の再編馬場健／ＮＰＯと資金問題松井真理子／地方政治のニューウェイブ今里佳奈子／韓国の住民投票制度について姜再鎬／書評

地方自治叢書〈18〉

道州制と地方自治

本体二八〇〇円

地方自治と私山田公平／《対談》都道府県自治をめぐって増田寛也・今村都南雄／道州制と北海道開発予算の現状・課題横山純一／道州制の考え方稲葉馨／道州制・都道府県論の系譜市川喜崇／「地域自治区」の法的位相妹尾克敏／自治の本質と価値黒木誉之／書評

地方自治叢書〈19〉

自治体二層制と地方自治

本体二八〇〇円

地方自治制度改革のゆくえ加茂利男／風土の上にある自治松本克夫／新時代の基礎自治体岩崎美紀子／個別行政サービス改革としての三位一体改革金井利之／地方分権改革の検証垣見隆禎／都市計画関係法令と条例制定権大田直史／ブラジル参加型予算の意義と限界山崎圭一／カナダの州オンブズマン制度と地方自治体の関係外山公美／書評

地方自治叢書〈20〉

合意形成と地方自治

本体二八〇〇円

地方自治体の国政参加権再論人見剛／基地維持財政政策の変貌川瀬光義／スイスの住民参加と合意形成―住民投票の可能性と限界岡本三彦／住民投票の歴史的展開鹿谷雄一／コミュニティ政策の課題玉野和志／地域コミュニティの現在家中茂／書評

地方自治叢書〈21〉
格差是正と地方自治
本体二八〇〇円

自治体の格差と個性に関する一考察山口道昭／二〇〇〇年代「教育改革」と教育を受ける権利竹内俊子／「地域格差」と自治体の再生岡田知弘／福島県商業まちづくり推進条例と「まちづくり三法」鈴木浩／指導要綱の条例化と住民の意向の反映内海麻利／ドイツの市民参加の方法「プラーヌンクスツェレ」と日本での展開篠藤明徳／地方財政調整交付金制度創設に関する論議中村稔彦／書評

地方自治叢書〈22〉
変革の中の地方自治
本体二八〇〇円

地方自治と私加茂利男／道路論争五十嵐敬喜／自治体議会改革を考える小林武／国と普通地方公共団体との間の行政訴訟寺洋平／自治基本条例における住民自治の必要性相澤直子／アメリカの交通まちづくりと持続可能な都市交通経営川勝健志／市民によるマニフェスト評価長野基／書評

地方自治叢書〈23〉
第一次分権改革後一〇年の検証
本体二八〇〇円

地方分権の法改革白藤博行／自治体の再編と地域自治今川晃／三位一体改革の帰結と財源保障制度の将来像武田公子／農山漁村地域における自治体財政の実態と課題桒田但馬／韓国における分権化政策の評価と課題呉在一／書評

地方自治叢書〈24〉
「地域主権改革」と地方自治
本体二八〇〇円

あらためて問われる「地域主権」改革今村都南雄／「地域主権改革」と住民自治人見剛／創造都市と都市文化景観佐々木雅幸／イギリスにおける自治体外部監査の制度的特徴長内祐樹／分権改革と政府間関係立岩信明／イングランドにおけるリージョナリズムの変化石見豊／書評

地方自治叢書〈25〉
「新しい公共」とローカル・ガバナンス
本体二八〇〇円

新しい公共における政府・自治体とサード・セクターのパートナーシップ原田晃樹／イギリスのパートナーシップ型地域再生政策の評価―第三の道とビッグソサイエティ金川幸司／ローカル・ガバナンスにおける地方自治体の議会改革新川達郎／議会改革・議会内閣制・ボランティア議会と住民の役割榊原秀訓／東日本大震災復興の理念と現実塩崎賢明／「国保被排除層」の生活保護問題藤井えりの／書評

地方自治叢書〈26〉

参加・分権とガバナンス

本体三〇〇〇円

地方自治と私**中邨章**／住民参加から住民間協議へ**島田恵司**／都市内分権とコミュニティ**横田茂**／自治体改革と都市内分権・市民参加**槌田洋**／高齢者介護と地方自治体の課題**横山純一**／貧困・地域再生とローカル・ガバナンス**山本隆**／復興過程における住民自治のあり方をめぐって**吉野英岐**／沖縄県における跡地利用推進特措法の意義と課題**林公則**／書評

地方自治叢書〈27〉

基礎自治体と地方自治

本体二八〇〇円

基礎自治体における財源減少時期の予算制度改革**稲沢克祐**／基礎自治体の変容**江藤俊昭**／東日本大震災における木造応急仮設住宅供給の政策過程**西田奈保子**／アメリカのコミュニティ開発法人**宗野隆俊**／イギリスの「大きな社会」下におけるサード・セクター組織の多岐的対応**清水洋行**／基礎自治体における市民参加型「公開事業点検・評価」活動の研究**長野基・牧瀬稔・廣瀬克哉**／書評

地方自治叢書〈28〉

自治体行財政への参加と統制

本体二八〇〇円

協働と地方自治**荒木昭次郎**／住民監査請求の課題と到達点**小澤久仁男**／債権放棄議決と住民訴訟制度改革論**大田直史**／三号請求訴訟の新たな可能性**杉原丈史**／日本におけるコミュニティ予算制度の考察**鈴木潔**／ドイツにおける市民予算の特性**宇野二朗**／書評

地方自治叢書〈29〉

地方創生と自治体

本体二八〇〇円

「地方創生」と農村**坂本誠**／地方創生と自治体間連携**本多滝夫**／地方公務員の権利・義務の変容**山下竜一**／高齢者の生活保障施策の動向と行財政**田中きよむ**／書評

（＊価格は税別です）